COMANDO
DE LINUX

Comando de Linux: Una guía completa
para principiantes para aprender los
reinos del comando Linux desde A-Z

Conviértete en un maestro de comandos de Linux

WILLIAM VANCE

Tabla de Contenidos

Introducción 1

Capítulo 1: Preparación/Instalación de Linux......................3

Capítulo 2: La estructura de directorios de Linux 13

Capítulo 3: Aprender sobre Shell..23

Capítulo 4: Introducción a los comandos 28

Capítulo 5: Aprender Peces 58

Capítulo 6: Trabajar con contenido de archivos 66

Capítulo 7: Utilidades de Uso General 92

Capítulo Eight: Estándar de jerarquía del sistema de archivos Linux (FHS)..106

Capítulo 9: Permisos de Archivo y Directorio.........................125

Capítulo 10: Introducción a los editores: Nano y Vi.................137

Capítulo 11: Comandos de redes Linux 146

Capítulo 12: Personalización del Medio Ambiente..................155

Capítulo 13: Procesos..169

Capítulo 14: Personalización del Mensaje **183**

Capítulo 15: Aprender más sobre la cáscara **188**

Capítulo 16: Administración Básica **197**

Capítulo Seventeen: Gestión y almacenamiento de paquetes . **202**

Conclusión **207**

Introducción

Me alegro de que haya decidido comprar "Comando Linux: Una guía completa para principiantes para aprender los reinos de comando Linux de la A a la Z."

Este libro ofrece una mirada en profundidad en el comando de Linux. Está dirigido a principiantes que quieren familiarizarse con Linux a través de su comando. Linux es un sistema operativo diferente en comparación con otros sistemas operativos y, si quieres utilizar Linux realmente, necesitas familiarizarte con los comandos de Linux.

Linux es un sistema operativo de código abierto. Esto significa que es popular entre las empresas, escuelas y hogares. Es el software que se ejecuta en el núcleo de su experiencia de sistema operativo. Se ocupa de todas las cosas intrincadas y se asegura de que usted tiene la mejor experiencia posible! Linux, al igual que otros sistemas operativos, puede manejar aplicaciones y servicios y hacer que se ejecuten en su hardware.

Linux es omnipresente. Es utilizado por empresas en la nube, proveedores de alojamiento, agencias gubernamentales, y así sucesivamente. También es muy popular entre los desarrolladores, ya que les da las herramientas necesarias para ser un mejor desarrollador. La comunidad Linux es también una de las principales razones detrás de su crecimiento exponencial.

Linux fue introducido por primera vez en el mundo por Linus Torvalds en 1991. Estudió en la Universidad de Helsinki y ha sido experimental en lo que respecta a Linux. Comenzó a construir un clon de Unix, conocido como Minix. Sin embargo, el nombre pronto se cambió a Linux - un mashup de Linus y Unix.

Aparte de la experiencia central de Linux - hay varios cientos de distribuciones de Linux que tienen algo único que ofrecer. El núcleo sigue siendo el mismo, conocido como kernel de Linux, pero la interfaz, los servicios, las aplicaciones y otras características cambian en función del público objetivo y el uso. De hecho, también puede tomar el kernel de código abierto de Linux y modificarlo de acuerdo a sus necesidades. Es completamente personalizable. Pero primero, es necesario aprender comandos de Linux.

Comenzaremos con la instalación básica, y luego pasaremos a los comandos donde vemos ejemplos prácticos.

Entonces, ¿qué estamos esperando? ¡Comencemos con nuestro primer capítulo!

Capítulo 1

Preparación/Instalación de Linux

Bienvenido al mundo de Linux. Al comprar este libro para aprender sobre la línea de comandos, puedo asumir con seguridad que ya sabe un buen poco sobre Linux. Para refrescar la memoria, vamos a repasar los conceptos básicos.

Qué es Linux

Linux es un popular sistema operativo de código abierto. Es similar a otros sistemas operativos como Windows o Mac OS. Si está utilizando un teléfono móvil, también está utilizando un sistema operativo como Android o iOS.

Un sistema operativo une la ruta entre el hardware y el software. Le permite utilizar su hardware. También es responsable de todas las funcionalidades básicas de su dispositivo, incluyendo la gestión adecuada de la memoria, la gestión de archivos, controladores, etc. También le permite encender el monitor y mostrar la pantalla en él. En resumen, es un paquete completo para que puedas hacer tareas en tu ordenador.

Linux no es nuevo. Tiene casi dos décadas. También se ha convertido en un potente sistema operativo, capaz de sustituir Windows y macOS.

Instalación de Linux

Hay muchas maneras de instalar Linux. El enfoque más básico es instalarlo en un espacio en disco separado utilizando un CD/DVD o un pen drive. Sin embargo, no es productivo, y es por eso que vamos a instalar Linux a través de una máquina virtual.

Las máquinas virtuales son una separación lógica en un sistema operativo ya instalado. Si utiliza Windows o macOS, debería poder usar cualquiera de las soluciones de máquina virtual disponibles. Algunas de las máquinas virtuales más populares incluyen VirtualBox, administrado por Oracle, un entorno virtual donde se puede experimentar sin la necesidad de influir en su sistema operativo existente.

Instalación de Linux en Windows

Para instalar el sistema operativo Linux en VirtualBox, debe ir a su sitio oficial https://www.virtualbox.org/ y descargar VirtualBox 6.0 o la última versión disponible en el sitio.

Antes de empezar, asegúrese de que la opción de virtualización es compatible con el sistema. VirtualBox utiliza Hyper-V/AMD-V para alimentar la virtualización en Windows 10. La actualización actual de Windows 10 también es compatible con su tecnología de virtualización en compilación, Hyper-V Machine. Voy a cubrir el proceso de instalación de la máquina DeHyper-V, así.

Desde allí, guarde el archivo en su computadora y asegúrese de recordar el lugar donde guarda el ejecutable(.exe)

Una vez descargado, debe hacer doble clic o hacer clic con el botón derecho en él y, a continuación, haga clic en Instalar.

Siga las instrucciones del instalador. Además, asegúrese de instalar en una unidad donde tenga una gran cantidad de almacenamiento.

Ahora, reinicie el equipo para completar la instalación.

Una vez instalado, ahora es el momento de crear una nueva caja virtual.

A partir de aquí, debe crear una nueva opción. Ahora, debe seguir al asistente. El primer paso es seleccionar un nombre, una carpeta de máquina, un tipo y una versión. En el tipo, es necesario seleccionar "Linux" y la versión como "Ubuntu." Vamos a instalar la última versión del sabor Ubuntu.

Para dar a su máquina virtual suficiente RAM, seleccione al menos 1024 MB de RAM. Tengo 16 GB de RAM instalado en mi máquina, y es por eso que tengo la opción de asignar más RAM a la máquina virtual. En mi caso, utilicé 3 GB. Puede optar por cualquier cantidad de RAM dependiendo del tamaño total de la memoria instalada en su PC.

A continuación, haga clic en la creación de un disco duro **virtual ahora.** El disco duro virtual requiere al menos 10 GB de espacio.

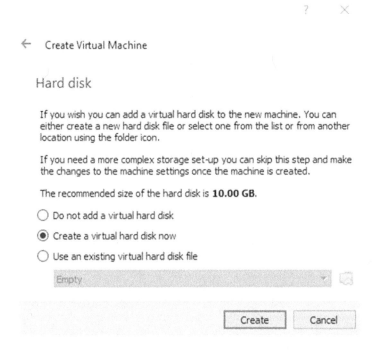

En el tipo de archivo de disco duro, seleccione VDI(VirtualBox Disk Image) como opción. Ahora, también puede seleccionar la naturaleza del espacio de almacenamiento. Siempre le aconsejo que vaya por una opción asignada dinámicamente si tiene la cantidad correcta de espacio en el disco duro. Le dará la libertad de experimentar con el sistema operativo. Pero, también puede optar por el tamaño fijo, si está limitado en el espacio en el disco duro. Elegir un tamaño fijo no obstaculizará su capacidad de seguir el aprendizaje compartido en este libro.

Después de configurar las opciones básicas, debe iniciar la máquina virtual. Sin embargo, esta vez, debe proporcionar una imagen de instalación para continuar.

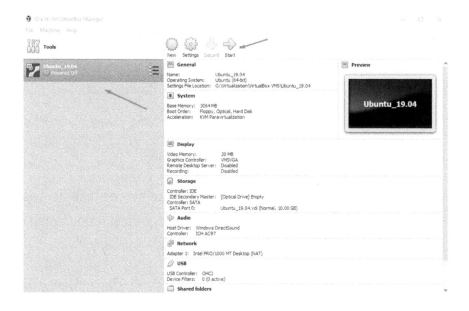

Pero, ahora, necesita la imagen de instalación para continuar.

Ahora, vaya a la página oficial de Ubuntu y descargue la última versión de Ubuntu. En el momento de escribir este libro, Ubuntu 19.04 era la última compilación. También puede utilizar la versión 18.04.

Una vez descargado, asegúrese de recordar la ubicación de guardado. Al elegir el archivo .iso se inicia el proceso de instalación. Siga al asistente y asegúrese de leer las instrucciones cuidadosamente y proceda en consecuencia.

Felicidades, ahora tiene su Ubuntu cargado correctamente. Si tiene todos los periféricos conectados, la instalación de Ubuntu debe identificarlos automáticamente.

Instalación de Linux en MacOS

Para macOS, todo el proceso de instalación de Ubuntu es el mismo. Aquí, usted necesita ser más cauteloso cuando se trata de RAM asignada y disco duro. Las máquinas MAC modernas tienen ram limitada y espacio en disco duro.

Instalación de Ubuntu desde Scratch

Puede haber casos en los que no tenga forma de habilitar la virtualización en el equipo. En ese caso, es necesario instalar Ubuntu o cualquier otra distribución de Linux desde cero.

Para instalar Ubuntu desde cero, es necesario crear una unidad de arranque. Para crear una unidad de arranque, puede utilizar Rufus, https://rufus.ie/, una excelente herramienta para hacer un dispositivo dearranque. También se recomienda utilizar una unidad USB en lugar de un CD/DVD para realizar la instalación.

Una vez que la unidad USB está lista, debe conectarla a su PC y reiniciarla desde la unidad USB para iniciar el proceso de instalación. Siga el asistente para completar la instalación.

Una de las ventajas de instalar Linux en una partición independiente es la forma en que puede interactuar con él. La instalación independiente es mejor cuando se trata de la experiencia del usuario. Es rápido, y tampoco tiene que preocuparse por las complicaciones que surgen con el uso de máquinas virtuales.

Instalación de Ubuntu usando Hyper-V en Windows 10

Si usa Windows 10 v1903 o una compilación posterior, puede aprovechar la característica Hyper-V. Esta característica permite a los usuarios instalar máquinas virtuales sin necesidad de ninguna solución de terceros, como VirtualBox. Es útil ya que está trabajando con una aplicación más nativa en lugar de una solución de terceros que trae complicaciones.

Antes de empezar, debe asegurarse de habilitar la virtualización en la BIOS de la placa base. Cada BIOS tiene un método diferente para habilitar la virtualización. Consulte el manual específico de la placa base para saber cómo hacerlo.

Una vez que habilite la virtualización, debe abrir el Administrador de Hyper-V en Windows 10. Se vería como el siguiente.

Como puede ver, ya he creado una máquina virtual Ubuntu 19.04. Para empezar, haga clic con el botón derecho en el nombre del equipo de la izquierda y, a continuación, haga clic en **Creación rápida**. Hay elegir Ubuntu 19.04. También puede elegir Ubuntu 18.04.2 LTS si está interesado en una versión de soporte a largo plazo (LTS).

Se descargará la imagen de instalación automáticamente. Las únicas dos cosas que debe tener en cuenta durante el proceso de instalación es configurar el recurso local cuidadosamente, ya que le ayudará a acceder a sus discos duros fácilmente desde el sistema operativo Linux. También se le pedirá que configure una resolución durante el inicio.

Conexión al sistema Linux a través de la red

Una última forma de acceder a una instalación de Linux es a través de la red. Puede utilizar Linux instalado en un servicio en la nube o en el PC de su amigo. Secure Shell(SSH) le permite conectarse a un servidor remoto de forma segura. Puede utilizar la línea de comandos o herramientas como PuTTY para conectarse de forma segura. Una vez allí, usted debe ser capaz de acceder al terminal Linux por completo.

Cosas que aprendimos en este capítulo

- Linux es un sistema operativo popular

- Linux actúa como puente entre su hardware y software

- Puede utilizar una máquina virtual para instalar Linux encima de su sistema operativo existente

- Hay muchas maneras de instalar Linux

- El proceso de instalación de Linux en Windows y macOS es casi similar

- También puede instalar Ubuntu desde cero utilizando una unidad USB.

- Windows 10 ahora permite a los usuarios instalar máquinas virtuales a través de su solución Hyper-V.

Capítulo 2

La estructura de directorios de Linux

El sistema de directorios Linux es importante a la hora de aprender cómo funciona Linux. La estructura de directorios de Windows es diferente de Linux. La primera diferencia importante es cómo se distribuye el sistema de directorios. No hay uso de letras de unidad en el caso de Linux. En esencia, el sistema de jerarquía de archivos (FHS) determina el sistema de archivos en Linux. Según la norma, tiene la siguiente estructura de directorios.

/ - Significa el directorio raíz

El símbolo / significa directorio raíz. Es similar a C:/ en Windows. En el caso de Linux, no es necesario mencionar la letra de la unidad. Por lo tanto, si desea acceder a cualquier archivo en la raíz directamente, es necesario utilizar el símbolo / . Cada archivo almacenado en su instalación de Linux se encuentra en el directorio raíz. Además, necesita privilegios de root para acceder al directorio y sus archivos. También hay una diferencia sutil entre / y /., donde /. Representa el directorio de inicio del usuario

/bin : almacena todos los archivos binarios de usuario esenciales

/bin es el siguiente directorio linux importante. Se utiliza para almacenar programas o binarios que están cerca del sistema en modo de usuario único. Si instala un navegador, se almacena en /usr/bin. Por otro lado, los programas y utilidades del sistema se almacenan dentro de /bin. /

Esto también significa que almacena todos los comandos de Linux para los modos de un solo usuario. Puede encontrar los archivos de comandos como grep, cp, ps, etc. aquí.

/sbin : almacena los archivos binarios del sistema

Esta carpeta de directorios contiene los archivos binarios del administrador del sistema, que son ejecutables. Esto significa que los administradores del sistema pueden ejecutar los archivos binarios con fines de mantenimiento del sistema. Ejemplo de archivos de comandos almacenados aquí incluyen ifconfig, swapon, iptables,etc.

/boot : almacena archivos de **arranque estáticos**

El directorio contiene todos los archivos necesarios para que su sistema Linux arranque correctamente, incluidos los archivos del núcleo y el gestor de arranque GRUB, vmlinux y el kernel initrd.

/etc - archivos de configuración almacenados

Aquí, puede encontrar archivos de configuración. Los archivos de configuración son editables por el usuario y puede utilizar cualquier editor de texto para editarlos. Los archivos de configuración solo son específicos del sistema y no son específicos de la aplicación o del usuario. Los archivos de configuración específicos del usuario se pueden encontrar en el directorio principal del usuario /.

/home - contiene carpetas de inicio

El /home contiene las carpetas de inicio para el usuario. Cada usuario tiene una carpeta de inicio diferente asociada a ellos. La carpeta de inicio también contiene todos los archivos de configuración y datos necesarios para cada usuario. La carpeta de inicio para los usuarios se parece a /home/nitt, /home/andy

/proc - contiene archivos de **proceso y kernel**

La carpeta de directorio /proc contiene un sistema para procesar información. Los archivos almacenados dentro de la carpeta no son archivos estándar, sino específicos del sistema. La información almacenada aquí es la del proceso en ejecución utilizando la variable pid. El sistema de archivos virtual también contiene información de texto, incluido el tiempo de actividad.

/var - archivos variables

El directorio /var contiene archivos variables. Es un directorio en crecimiento, ya que los usuarios pueden escribir contenido aquí. Por ejemplo, los archivos de registro del sistema se almacenan aquí /var/log. Otros archivos clave incluyendo /var/email(emails), /var/spool(for mail), etc. se encuentran aquí. También contiene los archivos temporales (/var/tmp) que se requieren durante el reinicio.

/usr - Programas de usuario

El directorio /usr contiene archivos y aplicaciones utilizados por el usuario. Aquí no se almacenan aplicaciones o archivos relacionados con el sistema. Técnicamente, contiene documentación, bibliotecas, archivos binarios y otro código fuente para programas de 2o nivel. Dentro de /usr, hay varias carpetas, incluyendo las siguientes

- /usr/bin - contiene los archivos binarios de los programas de usuario

- /usr/sbin - contiene archivos binarios del administrador del sistema

- /usr/lib - contiene las bibliotecas /usr/sbin y /usr/bin

- /usr/local: contiene programas específicos del usuario que se instalan mediante source.

/cdrom - utilizado **como** punto de **montaje** para **CD-ROM**

La ubicación se utiliza cuando se utiliza un CD-ROM. Actúa como una ubicación temporal. Sin embargo, esto no está bajo el estándar FHS, usted puede encontrarlo en muchas distribuciones.

/dev : almacena los archivos del dispositivo

/dev se utiliza para almacenar archivos de dispositivo. Los dispositivos se almacenan en forma de archivos, pero no son técnicamente archivos. Así es como Linux se codifica para trabajar con dispositivos externos. Por ejemplo, el disco duro se trata como /dev/sda: significa como la unidad SATA inicial de su sistema operativo Linux.

/tmp - archivos temporales

La carpeta /tmp contiene archivos temporales generados por usuarios y sistemas. Los archivos temporales se eliminan cada vez que se reinicia el sistema.

/lib - Bibliotecas

El directorio /lib contiene todas las bibliotecas de /sbin y /bin. Se trata de bibliotecas del sistema y se nombran en forma de lib*.so.* o Id*

/lost+found : almacena los archivos recuperados

Hay casos en los que el sistema puede ir al arranque duro o apagarse por completo. En esos casos, hay una manera de almacenar esa información. Cuando se inicia el sistema la próxima vez, se realiza una comprobación del archivo del sistema. En esta comprobación, cualquier archivo dañado se elimina y se coloca en el directorio /lost+found. Esto le da la oportunidad de recuperarlos si es necesario.

/opt: almacena paquetes opcionales

El directorio /opt almacena paquetes opcionales para paquetes de software. Todos los paquetes opcionales se almacenan aquí.

Además, las reglas FSH estándar no son seguidas aquí por el software.

/root - directorio de inicio raíz del usuario

El directorio /root significa el directorio raíz de los usuarios.

/run: almacena los archivos de estado de la aplicación

El directorio /run almacena toda la información generada por las aplicaciones en ejecución. La aplicación puede usar la ubicación para almacenar archivos transitorios, incluidos sockets e identificadores de proceso. El propósito de almacenar los archivos aquí es que los archivos permanecen aquí en lugar de ser eliminados en el siguiente reinicio. Es por eso que /tmp no se utiliza para almacenar los archivos de estado.

/srv - almacena los datos del **servicio**

Los servicios que se ejecutan en el sistema operativo Linux se pueden encontrar aquí. Son los datos generados por los servicios Linux.

Estructura del sistema operativo Linux

Echemos un vistazo a cómo se ve la estructura del sistema operativo Linux. En el nivel superior, un sistema operativo es una colección de software/soluciones, cada uno de los cuales cumple una función específica.

Para asegurarnos de que entiende el sistema operativo Linux, tenemos que ir a través de los componentes a continuación.

1) Kernel

En el núcleo del sistema operativo Linux, está el núcleo. Maneja toda la comunicación entre el software y el dispositivo. Sin el núcleo, Linux nunca sería capaz de funcionar de la manera en que lo hace. De hecho, el núcleo es el propio Linux. Todo lo demás es una adición en la parte superior del núcleo para proporcionar una interfaz y otras características clave.

El kernel es responsable de administrar procesos,memoria, dispositivos y llamadas al sistema. Vamos a repasar sus responsabilidades clave a continuación.

- **Administración de dispositivos:** Kernel se encarga de todos los dispositivos que conecte a su sistema. Incluye CPU, placa base, RAM, teclado, tarjeta gráfica, etc. El núcleo también almacena todos los datos generados o necesarios por los dispositivos para un rendimiento óptimo. Para administrar los dispositivos de forma óptima, se establecen reglas. Los dispositivos que están conectados al sistema operativo deben seguir las reglas.

- **Gestión de procesos: Al igual que los** dispositivos, los procesos también son administrados por el núcleo. El kernel decide qué proceso proporcionar mejores recursos en función de la actividad del usuario. También puede suspender los procesos en segundo plano para liberar recursos y colocarlos en una aplicación en ejecución para un mejor rendimiento óptimo. La administración de procesos también se encarga de la propiedad y la seguridad.

- **Administración de** memoria: El kernel de Linux también es responsable de la administración de memoria. Maneja la cantidad de memoria que se administra, cuánto es gratis y cuánto se requiere para que Linux funcione. También se asegura de que los procesos no intenten usar más memoria de la necesaria.

- **Llamadas al sistema:** Las llamadas a sistemas facilitan al programador escribir consultas para acceder a las funcionalidades del kernel.

2) Bibliotecas del sistema

Las bibliotecas del sistema funcionan en la parte superior del kernel. Proporcionan una manera de acceder a las características del núcleo sin la necesidad de acceder a él directamente. Para realizar una tarea, el usuario debe llamar a una biblioteca del sistema o desencadenarla a través de una aplicación. Las aplicaciones están codificadas de tal manera que saben a qué biblioteca del sistema llamar. Diferentes kernels tienen diferentes bibliotecas del sistema, y es por eso que los programadores necesitan asegurarse de que aprenden sobre la biblioteca del sistema del kernel antes de iniciar el desarrollo. Un ejemplo popular de la biblioteca del sistema es GNU C library(glibc)

3) Herramientas del sistema

Las herramientas del sistema son comandos simples. Las herramientas se publican a través de licencias de código abierto y le ayudan a trabajar de manera eficiente con el sistema operativo Linux. Por ejemplo, puede editar, crear archivos o directorios o hacer otras cosas como cambiar la ubicación del archivo/carpeta.

Aparte de estos tres componentes principales, también hemos desarrollado y herramientas de usuario final. Las herramientas de desarrollo se utilizan para desarrollar aplicaciones, más herramientas y bibliotecas, mientras que las herramientas de usuario final son principalmente para mejorar la interacción del usuario con el sistema operativo.

Cosas que aprendimos en este capítulo

- Linux tiene una estructura de directorios muy diferente de la de Windows

- / significa directorio raíz.

- Se requiere un privilegio especial para acceder al directorio raíz

- Hay muchos otros directorios importantes incluyendo /bin, /boot, /etc, /home, etc .

- La estructura del sistema operativo Linux consta de kernel, bibliotecas del sistema y herramientas del sistema.

- El núcleo está en el núcleo del sistema operativo Linux. Se encarga de la administración de dispositivos, la administración de procesos, la administración de memoria y las llamadas al sistema.

Capítulo 3

Aprender sobre Shell

¡Impresionante! Ha aprendido mucho sobre Linux, incluida la estructura de directorios y el sistema operativo Linux. Ahora, es hora de aprender sobre el proyectil.

Las computadoras son tontas. No me malinterpretes, pero realmente lo son. Para que funcionen específicamente, tenemos que ser muy precisos en nuestras instrucciones. Un error, y fracasarán. En comparación, los humanos somos inteligentes, ya que entendemos instrucciones o información rotas con contexto.

Pero, ¿qué tiene que ver eso con Linux? Linux no es diferente. Shell proporciona una puerta de enlace para que pueda conectarse con el sistema operativo Linux. Puede escribir instrucciones (comandos de lectura). Sin embargo, usted tiene que ser preciso cuando se trata de la línea de comandos como un solo error se llevará a cabo el error en su cara.

El núcleo toma entradas del shell y las ejecuta en consecuencia.

¿Qué es Shell?

El shell es un entorno interactivo donde un usuario puede ejecutar comandos. Técnicamente, es un intérprete que se traduce para hacer que los comandos para el kernel sean de pie. Shell es una puerta de enlace para hablar con el kernel, y es bastante bueno en hacerlo.

Cuando abre un terminal (un espacio negro de aspecto de ciencia ficción), se obtiene acceso a la propia carcasa. Aquí es donde pasaremos la mayor parte de nuestro tiempo.

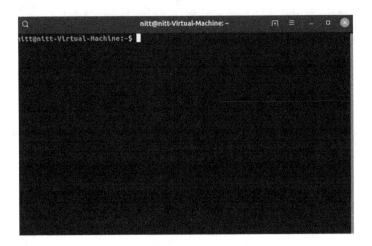

Shell no forma parte del núcleo, mientras que es la puerta de enlace. En este momento, hay varios tipos de shell que puede usar para conectarse al kernel. Son los que están a continuación.

- BASH : Es un shell de código abierto, libre de usar. También es uno de los tipos de conchas más populares por ahí

- CSH - CSH es un tipo de shell que utiliza sintaxis similar al lenguaje de programación C. Por lo tanto, si conoces el lenguaje de programación C, puedes probarlo.

- KSH - KSH está diseñado de acuerdo con el estándar de vaciado POSIX.

La principal diferencia entre estos tipos de shell es la sintaxis que utilizan para operar. También tienen diferentes funciones.

Puede acceder al shell a través del terminal, SSH o consola. El terminal es una versión GUI, mientras que el SSH se utiliza para trabajar en una estación de trabajo remota. Algunos sistemas Linux utilizan el enfoque de consola. Está basado en texto y puede acceder a él iniciando sesión en el sistema.

Puede comprobar los tipos de shell disponibles escribiendo el siguiente comando

gato /etc/shells

Además, para comprobar el shell actual que se ejecuta en el sistema, debe escribir los siguientes comandos.

- $SHELL eco

- ps $$

- ps -p $$

```
nitt@nitt-Virtual-Machine:~$ cat /etc/shells
# /etc/shells: valid login shells
/bin/sh
/bin/bash
/usr/bin/bash
/bin/rbash
/usr/bin/rbash
/bin/dash
/usr/bin/dash
nitt@nitt-Virtual-Machine:~$ echo $SHELL
/bin/bash
nitt@nitt-Virtual-Machine:~$ █
```

También puede utilizar varios atajos en el terminal para trabajar con comandos. Por favor, tome nota especial sobre ellos, ya que va a utilizar mucho mientras trabaja con comandos.

- Pantalla de borrado : CTRL + L

- Comandos de recuperación: utilice las teclas de flecha arriba/abajo

- Palabras claras en una línea de comandos - CTRL + U

- Elimine la última palabra del cursor : CTRL + W

- Nombre de autocompletar cuando se trata de archivos, directorios - TAB

- Buscar comandos usados anteriormente - CTRL + R

- Intercambiar dos caracteres que preceden al cursor - CTRL + T

- Intercambiar dos palabras que preceden al cursor - ESC + T

- Cancelar comando: CTRL + C

Cosas que aprendimos en este capítulo

- Shell ofrece un entorno interactivo para que pueda interactuar con el núcleo

- Shell es un intérprete que toma comandos como entrada

- Hay varios tipos de conchas

Capítulo 4

Introducción a los comandos

En este capítulo, finalmente comenzaremos con los comandos. Al final del capítulo, aprenderá qué comandos y algunos comandos e ideas básicos de Linux a su alrededor.

¿Qué son los comandos?

Los comandos son instrucciones simples que son utilizadas por los usuarios para dar comandos a los ordenadores. Si está utilizando Windows, es posible que esté utilizando el símbolo del sistema para colocar comandos. En MAC, se conoce como terminal. Por último, en Linux, también se conoce como un terminal donde se escriben los comandos.

Para ejecutar un comando, todo lo que necesita hacer es escribir el comando en el terminal y presione ENTRAR una vez. Una vez que usted ingresa el comando, el comando es traducido por el shell y ejecutado. Si está utilizando Ubuntu, entonces su shell es Bourne-Again Shell(bash).

Tipos de comandos de shell

Hay dos tipos de comandos de shell que necesita conocer. Son los siguientes:

Comandos de shell integrados: hay algunos comandos que son parte del shell. Estos comandos se integran en el shell y no se ejecutarán en ese otro tipo de shell.

Comandos de Linux: estos comandos forman parte del sistema operativo Linux. Se crean utilizando lenguajes de programación como C.

Comandos de directorio

Empecemos con los comandos ahora. Estos comandos básicos se utilizan con mucha frecuencia. Vamos a repasarlos abajo.

Comando pwd

El uso del comando pwd puede revelar el directorio de trabajo de impresión. Significa el directorio en el que está trabajando actualmente. Este comando es muy útil cuando se trabaja, ya que le permitirá ver toda la ruta de trabajo que comienza con la raíz /. El comando está integrado.

Sintaxis: pwd

Para entender, vamos a ver un ejemplo a continuación. Simplemente inicie su terminal y escriba el comando pwd en él. Debe obtener la ruta de acceso del directorio como un valor devuelto. En mi caso, devolvió la ruta como /home/alias. El valor devuelto indica claramente que mi directorio actual es un alias. La ubicación siempre se calcula a partir de la raíz.

comando cd

cd(change directory) se utiliza para cambiar el directorio, seguido de la ruta de la carpeta.

Sintaxis: cd <nombreDeDirectorio>

En acción, se vería como a continuación

cd alpha donde "alpha" es el nombre del directorio. Como alumno, debe utilizar el comando cd para recorrer los directorios con los que está trabajando. Es un gran comando, ya que se puede utilizar para ir a cualquier lugar que desee dentro del sistema de directorios.

Puede cambiar el directorio de tres maneras:

- **Cambiar a un nuevo directorio:** Esta es la operación más común que va a hacer al cambiar directorios. Puede comprobar la ubicación actual del directorio mediante el comando pwd. Una vez que lo hagas, verás un valor devuelto de algo como esto, "/home/alias." A partir de ahí, ahora puede utilizar el comando cd seguido del directorio que desea que sea el siguiente. Para ello, escriba cd /home/alias/Desktop.

  Pulse Intro para ejecutar el comando. Una vez hecho esto, ahora estará en el directorio de escritorio. Para comprobar si realmente está en el directorio de escritorio, utilice el comando pwd y pulse Intro. Verá que la ubicación del directorio es "/home/alias/Desktop." Recuerde, pwd revela el directorio de trabajo actual

- **Ruta absoluta:** aparte del método anterior, también puede utilizar una ruta de acceso absoluta para cambiar el directorio.

  Una ruta absoluta es una ruta que se calcula a partir de la raíz /

  Por lo tanto, si desea cambiar el directorio, debe utilizar el comando cd seguido de una ruta absoluta como /bin/sbin/.

- **Ruta relativa: la última forma de** cambiar un directorio es utilizar la ruta de acceso relativa. En este caso, se cambia el directorio mediante la ruta de acceso relativa aparte de la raíz.

opciones de comando cd

Cada comando viene con su propia opción o

> **cd - cambia** su directorio actual al directorio de inicio

> **cd - -**cambios en el directorio anterior en relación con el directorio actual

> **cd / -** cambios en el directorio raíz del sistema

> **Cd.. •** cambios en el directorio actual de los padres

Cd.. /.. /dir1/dir2 - Mueve dos directorios hacia arriba y luego pasa a dir1 y finalmente dir2

ls comando

ls le permite mostrar el contenido de la carpeta en un formulario de lista. El comando ls solo mostrará el contenido de la carpeta en la que se encuentra actualmente.

Sintaxis: ls

Para probarlo, escriba ls en su terminal. Verá toda la lista de directorios de su directorio actual. Pruébelo cambiando el directorio a otro directorio.

Ls opciones de comando

ls -a - Al igual que cualquier otro sistema operativo, Linux también tiene archivos ocultos. Cualquier nombre de archivo que comience con un símbolo dot(.) se mantiene oculto. Para revelar todos los archivos dentro de una carpeta, incluidos los archivos ocultos, debe utilizar el comando ls -a.

ls -l - Muestra la lista de los archivos en un formato de lista larga.

ls -lh - El comando dará como resultado el tamaño de archivo de una lista en un formato legible por el usuario. Generalmente, el tamaño del archivo se muestra en bytes. Pero, con elcomando ls -lh, verá tamaños de archivo en MB, GB, etc.

ls -l - -block-size-[SIZE] - Mostrar los archivos en formato de tamaño específico. El resultado depende de la cantidad de valor [SIZE] que haya asignado.

ls -lhS - Ordenar los archivos en orden descendente según el tamaño del archivo. En pocas palabras, el archivo más grande se mostrará en la parte superior.

ls- d */ - Enumerar los subdirectorios sólo utilizando el comando

ls -g o ls -1G - Mostrar la lista de archivos eliminando la columna de información del propietario y del grupo

ls --color-[VALUE]- Muestra los resultados de los colores.

ls -n - Muestra el ID de propietario o el ID de grupo en lugar de los nombres

ls -r - Imprimir la lista en orden inverso

ls - R - Muestra también el contenido de los subdirectorios

ls - li - Imprime el número de índice solo si la primera columna es para el archivo

ls -p - Se utiliza para marcar directorios utilizando el signo de línea de barra diagonal /

ls á muestra el contenido del directorio de inicio

ls .. / • Muestra el contenido del directorio principal

ls -1X - enumerar los archivos con la misma extensión juntos

ls --version - Muestra la versión del comando ls

33

Trabajar con el comando ls

Ahora que hemos enumerado todos los comandos de Linux ls, ahora es el momento de ponerlos a la práctica. Para empezar, vamos a trabajar con el comando más básico ls-a

$ls -a

Esto dará lugar a todos los archivos listados junto con los archivos ocultos.

comando ls-l: Otro comando importante es el comando **ls -l**. Muestra información adicional al usuario. Devuelve la información en columnas, hasta 7 columnas. Cada columna contiene un valor determinado. Para entenderlo mejor, veamos lo que indica cada columna.

- Columna 1 : informa a los usuarios sobre el permiso de archivo

- Columna 2: muestra cuántos enlaces hay al archivo

- La columna 3 y 4 muestra la información del grupo y del propietario

- La columna 5 indica el valor muestra el tamaño del archivo en bytes

- Columna 6 - archivo de información modificada recientemente, incluyendo fecha y hora

34

- La columna 7 indica a los usuarios acerca del directorio o el nombre de archivo.

Si desea **comprobar el tamaño de los archivos,**puede utilizar el comando ls- 1 --block-size-[SIZE]. El comando de sintaxis de comandos es el siguiente:

ls- 1 --block-size-[SIZE]

Para desproteger el tamaño del archivo en Megabyte, debe utilizar el siguiente comando.

ls -l --block-size-M

El argumento [SIZE] puede ser Kilobyte(K), Megabyte(M), Gigabyte(G), Terabyte(T), Petabyte(P), Exabyte(E), Zettabyte(Z) o Yottabyte(Y). Si está trabajando con un servidor de datos, es posible que desee cambiar el argumento SIZE en función de la cantidad de datos con los que esté trabajando. Para los servidores en la nube, el almacenamiento puede llegar a Petabyte fácilmente y ahí es donde el comando se convierte en el más útil.

Comprobar la lista **de subdirectorios** también es fácil con ls. Todo lo que necesita hacer es utilizar el comando **ls -d */.** El comando devolverá los subdirectorios. Esto significa que no se mostrará ningún archivo una vez que lo utilice.

A veces, es necesario enumerar la información del archivo sin revelar el propietario del archivo. En ese caso, puede utilizar el **comando ls -g** para quitar la columna de propietario.

Del mismo modo, si desea eliminar la información del grupo, puede hacerlo con el comando ls- lG. La columna de grupo se eliminará del resultado.

Colorear las salidas: A veces, es importante colorear las salidas para que se vean resaltadas y fáciles de leer y compartir. Puede colorear una lista con ls --color-[VALUE]

La sintaxis del comando está a continuación

ls --color-[VALOR]

VALUE puede ser **automático** o **nunca**.

Mostrar el contenido del directorio principal: para mostrar el contenido del directorio principal, debe utilizar el comando ls

Ls ?

comando mkdir

El comando se utiliza para crear un directorio. Escriba el comando seguido del espacio y el nombre de la carpeta. Es un comando importante que va a utilizar con frecuencia.

La sintaxis es la siguiente:

mkdir <dirname>

Por lo tanto, si desea crear un directorio denominado "aprender", puede hacerlo mediante el siguiente comando

mkdir aprender

El comando anterior creará un directorio llamado "learn." Además, la carpeta se creará dentro de su ubicación actual. Por lo tanto, si está en /home/alias, la carpeta se creará dentro de ella.

Para pasar al nuevo directorio, debe utilizar el comando cd

cd aprender

Además, los nombres de carpeta son únicos. Por lo tanto, no puede crear otra carpeta de "aprender". Si intenta crear uno, recibirá un mensaje de error.

"mkdir: no se puede crear el directorio 'learn': El archivo existe

También puede proporcionar la ruta de acceso del directorio que desea crear mientras utiliza mkdir. Si no proporciona ninguna ruta de acceso, se establecerá automáticamente de forma predeterminada en la ubicación actual.

La creación de varios directorios también se puede hacer con el comando mkdir.

La sintaxis que se debe utilizar es la siguiente

mkdir <dirname1> <dirname2> <dirname3>

Para verlo en vigor, intente escribir el comando mkdir a continuación:

mkdir aprender1 aprender3

Ahora, para ver las nuevas carpetas, utilice el comando ls -l

```
nitt@nitt-Virtual-Machine:~/projects$ mkdir learn1 learn2 learn3
nitt@nitt-Virtual-Machine:~/projects$ ls -l
total 12
drwxr-xr-x 2 nitt nitt 4096 Oct  4 15:16 learn1
drwxr-xr-x 2 nitt nitt 4096 Oct  4 15:16 learn2
drwxr-xr-x 2 nitt nitt 4096 Oct  4 15:16 learn3
nitt@nitt-Virtual-Machine:~/projects$
```

comando mkdir también viene con más opciones. Vamos a ellos a continuación para su referencia.

mkdir -p, -parents - Crea directorio y su subdirectorio

mkdir -v, -verbose: cambia mkdir al modo detallado donde se genera una salida de mensaje cuando se crea un nuevo directorio.

comando rmdir

El comando se utiliza para quitar un directorio. Funciona justo lo contrario del comando mkdir. Sin embargo, solo elimina los directorios que no tienen ningún subdirectorio. Por lo tanto, si tiene un directorio denominado **learn**, que incluyeotro subdirectorio learn1, el comando no funcionará. Si intenta hacerlo, se producirá el siguiente error.

rmdir: no se pudo eliminar 'learn': Directorio no vacío

Echemos un vistazo a un ejemplo del comando rmdir

rmdir aprender

El directorio **learn** se eliminará correctamente solo si el directorio está vacío.

El comando **rmdir-p** eliminó todo dentro de un directorio, incluido el subdirectorio. Utilice únicamente el comando si está seguro de que no necesita ningún contenido del directorio.

Trabajar con archivos Linux

Ahora que hemos discutido directorios, echemos un vistazo a cómo se manejan los archivos dentro del sistema operativo Linux. Lo primero, Linux tiene una definición diferente de archivos. No es similar a Windows o Mac OS.

En Linux, todo es un archivo. Esto significa directorio, dispositivos, controladores y particiones y otros archivos normales que se crean mientras se opera el sistema operativo Linux. Si no es un archivo, se define como un proceso. El concepto es importante, y siempre debe tener esto en su mente.

Otro concepto importante es que los **archivos distinguen entre mayúsculas y minúsculas.** Por lo tanto, si crea un archivo denominado "Creative.txt", también puede crear otro archivo denominado "creative.txt." Ambos de estos archivos son diferentes y únicos para sí mismos. Como principiante, usted debe ser claro en este enfoque, ya que puede ahorrarle mucha frustración más adelante.

Tipos de Files

Hay algunos tipos diferentes de archivos que debe conocer. Vamos a enumerarlos a continuación.

- (archivos regulares): los archivos normales incluyen texto, ejecutables y archivos de programa.

d (archivos de directorio) - directorio se conoce como archivos de directorio. Se enumeran como color azul. Los directorios pueden contener archivos u otros archivos de directorio

b (archivo de bloque): archivo de hardware que utiliza una operación de lectura y escritura basada en bloques en lugar de una operación de carácter R/W.

c (archivo de dispositivo de caracteres) - Un archivo de hardware que utiliza el carácter por operación R/W de caracteres en lugar de bloque

l (Archivo de enlace simbólico) - Mostrar una ubicación abstracta de otro archivo

s (archivo de socket) - Un tipo especial de archivo que se utiliza para la comunicación entre procesos entre dos procesos.

Comandos de archivos Linux

Con un hecho establecido de que todo es archivo o proceso en Linux, echemos un vistazo a los comandos de archivo a continuación.

comando file

El comando file es el comando file más básico. Le permite determinar el tipo de archivo. El comando de tipo de archivo es complejo y, por lo tanto, omite la extensión utilizada por un archivo y simplemente le informa sobre el tipo de archivo.

La sintaxis y el ejemplo del comando son los siguientes:

archivo <nombre de archivo>

archivo <nombredearchivo.png>

Al ejecutar el comando, el tipo de archivo le indicará que el archivo es un tipo de imagen. Determina el tipo de archivo mediante un patrón codificado con un **archivo mágico.** El archivo mágico se almacena en /usr/share/file/magic. Si desea obtener más información sobre el archivo mágico, entonces puede utilizar el comando **man** en un archivo **mágico** utilizando el comando man **magic**.

Las diferentes opciones y funciones de archivo son las siguientes:

archivo -s - utilizado para un archivo especial

archivo * para mostrar todos los tipos de lista de archivos

el archivo /nombre del directorio/* muestra todos los tipos de archivo del directorio.

archivo [rango]* - comienza a enumerar los archivos desde el punto de partida en el rango.

Creación de un Empty File: Linux Touch Command

Puede haber una necesidad de crear un archivo vacío. Puede hacerlo con el comando touch. El comando touch es uno de los métodos para crear archivos. Pero, por ahora, vamos a discutir sólo esto.

La sintaxis y el ejemplo del comando touch son los siguientes:

toque <nombre de archivo>

touch creativefile

El comando anterior creará un archivo vacío, "creativefile". También puede crear varios archivos simplemente agregando más nombres de archivo con una separación de espacio. Debe verse como se muestra a continuación:

touch creativefile1 creativefile2

Cuando se trata de opciones y funciones, puede hacer lo siguiente

touch -m para modificar el archivo

touch -a para cambiar el tiempo de modificación y el acceso a archivos

touch -t - para crear un archivo con una hora específica

touch -c - utilizado para crear un archivo no vacío.

touch -r - Actualizar el tiempo en un archivo con otra referencia de archivo.

Ahora que hemos enumerado las principales opciones para el comando touch, veamos los comandos en acción a continuación.

touch -a command tiene una opción "a." Puede usarlo para cambiar el tiempo de acceso al archivo. A veces, es necesario cambiar la hora a la que se crea el archivo. Puede hacerlo con la -unaopción.

Para cambiar correctamente el tiempo del archivo, debe utilizar otro comando que necesita para utilizar "**stat**." El comando stat coincide con la hora con el directorio usr en el momento en que accedió a él: en el intervalo entre el inicio y el final, se escribe el comando. También utiliza el tiempo de acceso predeterminado del sistema.

La sintaxis para el comando touch -a es:

touch -a usr

touch -m comando tiene una opción "m." Se utiliza para cambiar el tiempo de modificación solamente. También necesita ser utilizado con el comando usr.

La sintaxis para el comando touch -m es:

touch -m usr

Ahora echemos un vistazo a la **opción touch -r.** La opción es útil cuando desea actualizar la hora en función de otroarchivo. La sintaxis es la siguiente:

touch -r creative1.txt creative2.txt

También puede utilizar el comando de forma diferente, como se muestra a continuación.

touch creative1.txt -r creative2.txt

Ambos tipos de comando funcionan de forma similar.

A continuación, tenemos el comando **touch** **-t**. Se utiliza para modificar el tiempo de acceso al archivo. La sintaxis es la siguiente:

touch -t YYYYMMDDhhmm.ss

Por último, tenemos el comando touch -c. Se utiliza para crear un archivo no vacío.

touch -c creative1

Eliminación de File: Comando Linux rm

Ahora que hemos aprendido a crear archivos, también necesitamos aprender a eliminarlos. Puede hacerlo con el **comando rm.** El comando rm se utiliza para eliminar el archivo(s). Sin embargo, hay una cosa que necesita saber antes de usarla. El comando rm elimina los archivos **de forma permanente.** Sí, no hay ninguna carpeta de papelera o papelera de reciclaje para los archivos que se guardarán temporalmente después de eliminarlo. Por lo tanto, antes de utilizar el comando, asegúrese de que no necesita el archivo.

La sintaxis del comando es:

rm <nombre de archivo>

rm creative1

El uso del comando eliminará el archivo, "creative1" que no es recuperable.

Al igual que otros comandos, también hay algunas opciones que vienen con el comando rm. Las opciones dan rm comando más funcionalidades que vamos a discutir a continuación.

rm -r o R - utilizado para eliminar un directorio de forma recursiva. Elimina cualquier archivo o carpeta dentro del directorio mencionado

rm *extension - utilizado para eliminar archivos con una extensión específica. Si desea eliminar archivos png dentro de una carpeta específica, todo lo que necesita hacer es ejecutar rm *png para eliminar todos los archivos con extensión .png.

rm -i - Una forma interactiva de eliminar un archivo

rm -rf - utilizado para eliminar un directorio con fuerza

Copia de archivos

Para copiar archivos o directorios, debe utilizar el comando "cp". El comando cp es un comando must-learn, ya que va a copiar archivos y directorios de un lugar a otro.

La sintaxis del comando cp es la siguiente:

cp <oldfile> <newfile>

El comando anterior hará una copia del "oldfile" y guardarlo como "newfile." Si elnombre "newfile" ya existe, entonces lo sobrescribirá. Es por eso que antes de realizar cualquier copia nueva, asegúrese de que no hay ningún archivo con el mismo nombre dentro del directorio que está ejecutando el comando cp.

Además, puede mencionar la ubicación del nuevo archivo simplemente escribiendo el directorio de destino.

cp comando también viene con toneladas de opciones y funciones. Vamos a repasarlos uno por uno.

cp -backup - utilizado para crear la copia de seguridad de archivos existente antes de sobrescribirla

cp -r - utilizado para copiar subdirectorios con directorio

cp -i - añade una confirmación antes de la ejecución del comando

cp -p - asegúrese de que los atributos de archivo se conservan

cp -l á crea un archivo de enlace duro

cp - nombre de directorio file1 file2 : crea varios directorios o archivos dentro del directorio cp -u -v - Asegúrese de que el archivo de origen es más reciente que el archivo de destino

Mover Files Linux mv comando

El siguiente comando a aprender es el **comando mv**. El comando mv se utiliza para mover archivoso directorios. Además, también se puede utilizar para cambiar el nombre de los archivos. Esta funcionalidad multifacética es muy útil para los principiantes de Linux.

Comencemos con el cambio de nombre del archivo primero.

Cambiar el nombre de un archivo

El comando mv funciona de manera diferente con diferentes distribuciones. Pero al principio de este libro, ya mencioné cómo vamos a utilizar una instalación de Ubuntu. Por lo tanto, los comandos aquí deben funcionar perfectamente con su instalación de Ubuntu. Si desea utilizar otras distribuciones, siempre se aconseja revisar el manual de cada distribución. Por ahora, continuaremos con el comando.

mv [opción] destino de origen

$ ls

file1.txt file2.txt file3.txt

$ mv file1.txt creative1.txt

$ls

file1.txt file2.txt file3.txt creative.txt

En el caso anterior de usar el comando mv, el nuevo archivo se creará si no existe. El comando mv también viene con opciones. Vamos a discutirlos uno por uno.

mv -i - la opción -i es una opción interactiva. La opción garantiza que la confirmación se realiza antes de ejecutar el comando. Esto se asegurará de que el usuario no sobrescriba los archivos existentes o no ejecute el comando por error. El comando no se ejecutará hasta que pulse la tecla **y** del teclado. En este caso, si el archivo no existe, no solicitará confirmación. En resumen, si no está seguro de si el nombre de archivo que está cambiando a existir o no, a continuación, simplemente utilice laopción -i para traer el cuadro de diálogo de confirmación. De esta manera, estará 100% seguro de que el archivo con el nombre al que está intentando cambiar no existe.

mv -f es la opción de sobrescribir el archivo protegido contra escritura de destino. A veces, es común encontrar archivos protegidos contra escritura. Los archivos protegidos por escritura no se pueden sobrescribir. Es una buena práctica como principiante para escribir proteger un archivo. En algunos casos, es necesario sobrescribirlos. Puede hacerlo con la opción -f agregada al comando mv. La opción -f también elimina el archivo de origen y sobrescribe el archivo de destino.

mv -n - la opción -n asegúrese de que el archivo existente no se sobrescriba.

mv -b - aquí la opción -b crea una copia de seguridad del archivo existente que se va a sobrescribir. La copia de seguridad tendrá un carácter (o) anexado a ella.

mv --version : esta opción muestra la versión del comando mv.

Ahora, mire los comandos que le permiten cambiar el nombre de más de un archivo o directorio.

Cambio de nombre de archivos o directorios

El comando Cambiar nombre se puede utilizar en un archivo o en un grupo de archivos. Cambiar el nombre de un solo archivo no es difícil. Sin embargo, si desea cambiar el nombre de un gran grupo de archivos, entonces puede llegar a ser un poco complicado. Por ejemplo, es posible que desee convertir nombres de archivo en minúsculas en nombres de archivo en mayúsculas, o viceversa. Para ello, debe utilizar el comando **rename** en lugar del comando **mv**. El uso del comando rename también significa que debe utilizar regex, una forma de escribir patrones complejos.

La sintaxis del archivo de cambio de nombre es la siguiente

cambiar el nombre del archivo de reemplazo de expresión [opción]

Aquí la expresión es una expresión regular Perl, que determina cómo se cambiará el nombre del archivo.

Las opciones ofrecidas por el comando rename son las siguientes:

rename -n - le permite comprobar los cambios antes de la ejecución del comando

renombrar -f - sobrescribe los archivos con fuerza

renombrar -v - imprime la salida

renombrar (a-z)(A-Z)/(A-Z)(a-z) - cambia minúsculas a mayúsculas o viceversa.

Las expresiones regulares son conceptos avanzados y están fuera del alcance del proyecto. Si quieres aprender sobre ello, te aconsejo que consultes tutoriales en Google y aprendas sobre ello antes de seguir adelante (opcional).

comando hombre

El comando man le permite aprender acerca de otros comandos. hombre significa la página del manual. Como el kernel de Linux está inspirado en el kernel de Unix, el hombre se utiliza en el sistema operativo Unix como una interfaz para hacer referencia al manual del sistema.

En Linux, muestra los manuales de usuario para cualquier comando desde el terminal. El usuario debe simplemente escribir el comando man, seguido de las opciones y la palabra clave. Por ejemplo, si desea leer el manual de usuario del comando cd, debe seguir lo siguiente en el terminal hombre cd

La sintaxis del comando man es la siguiente:

palabras clave de man -options

El comando man es práctico y le permite aprender Linux más en detalle. Sin embargo, no se abrume con la información disponible en los documentos de usuario.

man ls

El comando anterior mostrará la página manual para el comando ls.

El comando man utiliza el buscapersonas para mostrar la salida a la pantalla. Un buscapersonas es un programa útil que muestra información en una pantalla a la vez. Esto significa que debe utilizar la opción de desplazamiento para ver la otra información.

También puede utilizar las teclas de flecha para desplazarse hacia abajo y hacia arriba.

Entender al hombre

Hay muchas secciones de página de hombre. Cada sección ofrece información que le resulta útil. La división de la sección se realiza de acuerdo con el tema. Las secciones se indican por paréntesis. Como estamos comprobando la página manual para el comando ls, su sección aparecerá como ls(1), ls(2), y así sucesivamente. La imagen anterior muestra ls(1), es decir, es una parte de la primera sección. Puede saltar entre secciones, o simplemente puede ir sección de una manera predefinida.

Las secciones de la página de man incluyen lo siguiente en el orden como se indica a continuación:

- Comandos de Shell y programas ejecutables

- Llamadas al sistema

- Llamadas a la biblioteca

- Archivos especiales

- Formatos de archivo y convención

- Juegos

- Misceláneos

- Comandos de administrador del sistema

- Rutinas del núcleo

Puede moverse entre secciones con el siguiente comando:

man <sectionnumber> palabra clave

Por ejemplo, puede pasar a la segunda sección del comando ls utilizando lo siguiente:

hombre 2 ls

opciones de hombre

Con la estructura de la página manual del hombre clara, ahora es el momento de aprender acerca de las opciones del hombre y lo que puede hacer por usted.

hombre -una orden

El comando man -a le permite acceder a todas las secciones de comandos. La sección ordenada más baja se mostrará primero, seguida de las más altas. Además, puede moverse por la sección simplemente presionando q, seguido por el botón Enter. Esto le llevará a la siguiente sección.

Si usamos el comando chmod y ejecutamos el comando man -a chmod, encontrará que tiene dos secciones. Una vez que ejecute el comando, la sección uno se mostrará de inmediato. Una vez que esté allí, presione q y luego ingrese, se le mostrará la segunda sección inmediatamente.

comando chmod tiene sólo dos secciones y es por eso que si intenta presionar q y entrar, se cerrará de nuevo al terminal.

Si no está seguro, entonces necesita utilizar el comando man -aw

man -aw comando

El comando man-aw le permite conocer el número de secciones disponibles en un comando o tema determinado.

hombre -aw renombrar

Devolverá lo siguiente.

- /usr/share/man/man1/rename.ul.1.gz
- /usr/share/man/man2/rename.2.gz

Esto significa que hay dos secciones disponibles para el comando rename.

La siguiente opción para el comando man es la opción -f. Funciona de forma similar al comando whatis. Muestra más información a través de una breve descripción.

hombre -f renombrar

- rename.ul (1) - cambiar el nombre de los archivos
- renombrar (2) - cambiar el nombre o la ubicación de un archivo

La breve descripción es muy útil para entender lo que la sección tiene para ofrecer.

man -k comando es útil para mostrar múltiples resultados basados en la palabra clave proporcionada por usted. Si no está seguro sobre el comando o la palabra clave para buscar, simplemente puede utilizar la opción -k. Los resultados se mostraron en formato de título, número de sección y descripción.

man -k renombrar

Después de introducir el comando, obtendrá el siguiente resultado.

itt@nitt-Virtual-Machine: $man -k renombrar

dpkg-name (1) - cambiar el nombre de los paquetes Debian a nombres de paquetes completos

gvfs-renombrar (1) - (sujeto desconocido)

lvrename (8) - Cambiar el nombre de un volumen lógico

mmove (1) - mover o cambiar el nombre de un archivo o subdirectorio MSDOS

mren (1) - cambiar el nombre de un archivo MSDOS existente

mv (1) - mover (renombrar) archivos

rename.ul (1) - cambiar el nombre de los archivos

renombrar (2) - cambiar el nombre o la ubicación de un archivo

renameat (2) - cambiar el nombre o la ubicación de un archivo

renameat2 (2) - cambiar el nombre o la ubicación de un archivo

vgrename (8) - Cambiar el nombre de un grupo de volúmenes

zipnote (1) - escribir los comentarios en el archivo zip a stdout, editar comentarios.

Cosas que aprendimos en este capítulo

- Los comandos son instrucciones simples que los usuarios dan a los ordenadores.

- Hay dos tipos de comandos de shell: comandos de shell integrados y comandos de Linux

- En los comandos de directorio, aprendimos sobre pwd, cd, ls y otros comandos de archivo.

- También aprendimos que hay cinco tipos de archivos, incluyendo archivos regulares, archivos de directorio, archivos de dispositivo de caracteres, archivos de enlace simbólico y archivos de socket.

- El comando file le permite obtener información sobre los tipos de archivos.

- Aprendimos a usar el comando táctil de Linux para crear nuevos archivos

- cp comando le permite copiar archivos y comando mv para mover archivos

- Cambiar el nombre de un archivo se puede hacer usando la función de cambio de nombre

- comando man le permite comprobar las páginas del manual para los comandos.

Capítulo 5

Aprender Peces

Hasta ahora, estábamos usando la línea de comandos bash. La línea de comandos bash es increíble, pero podría no ser ideal para principiantes como tú. Es por eso que recomendamos revisar la línea de comando de pescado. Es un shell de línea de comandos. También es fácil de usar y también es similar a bash.

Entonces, ¿por qué lo usarías? Le ayudará a ser más eficiente en los comandos de Linux. Ofrece resaltado de sintaxis, autosugerencias, finalización de pestañas y así sucesivamente. Todo lo que necesita hacer es instalarlo desde su sitio oficial: https://fishshell.com

Los comandos para instalar Fish son los siguientes:

sudo apt-add-repository ppa:fish-shell/release-3

sudo apt-get actualización

sudo apt-get instalar peces

Una vez instalado, sólo tiene que escribir el comando fish en el terminal. Le redirigirá a la línea de comandos de peces.

```
nitt@nitt-Virtual-Machine:~$ fish
Welcome to fish, the friendly interactive shell
nitt@nitt-Virtual-Machine ~> █
```

Con la comprensión básica, no le resultará difícil utilizar peces y también apreciará lo que tiene para ofrecer.

De forma predeterminada, también muestra el directorio de trabajo actual, el nombre de usuario y el nombre de host.

Hacer que los comandos se ejecuten en peces

Ejecutar comandos en peces es similar al de bash. Es sólo otro shell con diferentes características en él. Por lo tanto, todo lo que necesita para hacer comandos de tipo como lo hizo en la línea de comandos bash.

Escriba lo siguiente para empezar.

echo Hello Linux

El retorno para el comando anterior sería el siguiente:

Hola Linux

El comando echo simplemente devuelve lo que ha escrito. Es similar al comando print en otros lenguajes de programación. Para introducir el espacio en el shell, es necesario utilizar el valor de la palabra .

Veamos cómo funciona el espacio.

mkdir aprender Linux

En el comando anterior, puede ver que necesitábamos dejar un espacio después del símbolo . También puede utilizar comillas simples o dobles para un espacio literal.

mkdir "aprender Linux Más"

Resaltado de sintaxis

El resaltado de sintaxis es una de las características clave de los peces. Esto facilita la identificación de problemas y comandos de tipo.

Cualquier comando que no sea válido se mostrará en rojo. Esto es muy útil. También obtendrá el tipo de error. Por lo tanto, ofrece lo mejor de ambos mundos.

Escribir algo como a continuación producirá un error. El comando también se convertirá en un color rojo.

mdkra aprender

Devolverá el error "comando no encontrado".

Además, cuando escriba un comando, intentará rellenar automáticamente y sugerirle qué puede escribir a continuación. Puede aceptar la sugerencia pulsando la flecha derecha o simplemente seguir escribiendo el comando. Las sugerencias también están influenciadas por sus comandos antiguos para que sea más fácil trabajar con.

Obtener ayuda

La ayuda funciona de forma similar a la de la línea de comandos bash. Cada línea de comandos tiene su propio conjunto de páginas de ayuda y de comando man. Y, el pescado no es una decepción aquí. Te da una buena colección de páginas de ayuda y de hombre. Puede ejecutar el comando **help** para abrir un explorador web.

También puede utilizar el comando man. Se abrirá la página de hombre con los detalles necesarios que necesita.

Comodines

Los comodines son compatibles con los peces. El comodín le permite realizar una mejor búsqueda basada en un patrón. Por ejemplo, si está buscando archivos PNG en una carpeta, simplemente puede ejecutar el comando

ls *.png

Esto devolverá todos los archivos PNG presentes para usted. También puede utilizar otros comodines, incluida la búsqueda de archivos que comiencen con una letra determinada o terminen con una. También viene con un comodín recursivo. Es útil para buscar archivos en carpetas con varias subcarpetas. También funciona rápidamente en comparación con los métodos de búsqueda tradicionales. Buscar a través de directorios recursivamente puede tomar mucho tiempo. Si se siente atascado, puede detener la operación presionando CTRL +C

Tubería y redirección

Los comandos de tuberías le permiten unir dos o más comandos. Esto es muy útil para escribir comandos en una sola línea. Así, por ejemplo, puede encadenar dos comandos de tal manera que la salida del primer comando sea la entrada al segundo comando. Los comandos de canalización requieren habilidades moderadas a avanzadas y es por eso que necesitas practicar antes de usarlo.

Pescado soporta tubería. También viene con el apoyo de la redirección. La redirección se puede realizar utilizando el símbolo < y >.

El siguiente comando devolverá el recuento de nueva línea, palabra y byte de la cadena que ha pasado a través de echo.

echo Aprender Linux ? wc

Devoluciones 1 2 12

Auto-sugerencia

Otra gran función de la línea de comando saque s.a.o. La función sugiere comandos automáticamente. La sugerencia automática solo se mostrará en el lado derecho del cursor. También estarán atenuados y mostrados como aspectos destacados.

La sugerencia automática se puede realizar en función del comando que escriba o de los archivos, carpetas u otra información anterior que haya escrito antes.

Por lo tanto, si escribe mkdir, verá la sugerencia de nombre de archivo de los nombres anteriores que tiene sugerencias.

El pescado también es muy inteligente cuando se trata de sugerir caminos y opciones. También toma la historia en la sugerencia. Como ya hemos mencionado, todo lo que necesita hacer es presionar la tecla de flecha derecha o simplemente presione CTRL + F. También puede haber varias sugerencias. Para seleccionar la primera sugerencia, debe pulsar la tecla ALT y la tecla de flecha derecha.

pestaña

Tab es otra característica clave que es posible que desee utilizar durante el uso de pescado. La funcionalidad de pestaña le permite completar el comando que está escribiendo.

Una vez que presione la pestaña, se le mostrarán las opciones que coinciden con el comando que está escribiendo. Todo lo que necesita hacer es presionar la flecha hacia abajo y seleccionar el comando que está buscando.

mkd(pestaña Prensa)

Mostrará los dos comandos siguientes.

```
nitt@nitt-Virtual-Machine ~> mkdir "Learn Linux More"
mkdir (Make directories)  mkdosfs (Create an MS-DOS filesystem under Linux)
```

Elija el que desee utilizar.

Variables

Las variables también están en el núcleo de cada línea de comandos. Puede utilizar la $symbol para sugerir una variable. Ya hay variables predefinidas, como $HOME, $PWD, etc. La buena noticia es que puede utilizar las variables similares a la de una línea de comandos bash.

Por lo tanto, si desea imprimir el directorio de inicio, todo lo que necesita hacer es escribir echo $HOME en la línea de comandos fish. El comando echo se asegura de que la salida se muestre en el terminal.

$HOME de eco

Salida: /home/nitt

Se prefiere el uso de una cotización doble. Nunca utilice una sola cotización, ya que no funcionará aquí.

También puede almacenar la información de la variable dentro de una nueva variable. Todo lo que necesita utilizar es establecer comando como abajo.

establecer improvisar "$HOME"

64

$improvise eco

Salida: /home/nitt

El uso de comillas le permite definir un valor de cadena mayor que una palabra. Es importante, ya que entonces se puede almacenar en una variable. De lo contrario, se convertirá en dos variables.

$PATH

$PATH es una variable de entorno importante. Contiene el directorio que contiene todos los comandos. Además, no es una cadena, sino una lista. Puede comprobar la ruta escribiendo el siguiente comando.

eco $PATH

Cosas que aprendimos en este capítulo

- Puede utilizar la línea de comandos de peces para aprender rápidamente los comandos de Linux

- Puede instalar peces desde https://fishshell.com

- Fish ofrece características que incluyen autocompletar y resaltado de sintaxis.

- Es compatible con comodines, tubería, redirección, pestaña, variables y así sucesivamente!

Capítulo 6

Trabajar con contenido de archivos

Con una clara comprensión de algunos de los comandos básicos, ahora estamos listos para abordar los comandos de archivo. El comando para crear un archivo es táctil. Le permite crear un archivo vacío.

En este capítulo, exploraremos comandos para ver el contenido del archivo. Hay muchos comandos útiles que le permiten trabajar con el contenido del archivo. Empecemos con ellos abajo.

comando de la cabeza

El comando head le permite ver el contenido de inicio del archivo. Muestra las primeras 10 líneas del archivo.

La sintaxis del comando head es la siguiente:

cabeza <nombre de archivo>

```
nitt@nitt-Virtual-Machine ~/learn1> head example1.txt
This is an example file
Linux Learning
We are learning how to edit files
5+2 = 7
??
a
b
c
d
ef
```

En el ejemplo anterior, usamos el comando head en nuestro archivo example.txt. Muestra solo las primeras 10 líneas del archivo, "example.txt."

Del mismo modo, puede ver las primeras 10 líneas de varios archivos. Todo lo que necesita hacer es escribir el nombre de archivo separado por un espacio.

head <filename1> <filename2>

head file1.txt file2.txt

Al ejecutar el comando se mostrarán las diez primeras líneas de file1.txt seguidas de las primeras diez líneas del segundo archivo, file2.txt

Sin embargo, también puede especificar el número de líneas de contenido que desea buscar. Para ello, debe utilizar la opción -n. La sintaxis de la opción es la siguiente.

head -n <filename>

Por lo tanto, si desea ver las primeras 5 líneas de un archivo, debe utilizar el siguiente comando.

head -5 example1.txt

```
nitt@nitt-Virtual-Machine ~/learn1> head -5 example1.txt
This is an example file
Linux Learning
We are learning how to edit files
5+2 = 7
??
```

Si desea mostrar 15 líneas, entonces necesita usar el siguiente código

head -15 example1.txt

Sin embargo, hay una forma más de escribir el comando.

head -n5jtp.txt si desea ver 5 líneas o

head -n15jtp.txt si desea ver 15 líneas.

Devolver los bytes

También puede devolver el contenido de un archivo según los bytes. Todo lo que necesita utilizar es la opción -c. La sintaxis es la siguiente.

head -c <number> <filename>

Por lo tanto, si desea ver los primeros 50 bytes del archivo example1.txt, debe escribir el siguiente comando.

head -c 50 example1.txt

```
nitt@nitt-Virtual-Machine ~/learn1> head -c 50 example1.txt
This is an example file
Linux Learning
We are lear⏎
```

comando de cola

Hasta ahora, aprendimos a comprobar el contenido del archivo desde la cabeza. Ahora, es hora de retroceder. Si desea comprobar el contenido del archivo desde la parte posterior o las últimas líneas de un archivo, debe utilizar el comando tail. Como usuario de Linux, debe utilizar el comando si realmente desea leer las últimas líneas o ver el mensaje de error asociado a un archivo.

cola <nombre de archivo>

```
nitt@nitt-Virtual-Machine ~/learn1> tail example1.txt
gh
This are the last few lines
The world is ending
Now we have to save it by coding
And coding starts with Linux
That's why we learn Linux
Welcome to the New World
We saved the wordl!
Hello World 2020 and Beyond
Welcome machines!
nitt@nitt-Virtual-Machine ~/learn1>
```

De forma similar al comando head, también puede comprobar las últimas líneas mediante la opción -n. Para ello, sólo tiene que utilizar la sintaxis de comandos como se muestra a continuación

cola -n <num> <nombre de archivo>

Para ver las últimas 5 líneas, utilice el comando como se muestra a continuación

cola -5 example1.txt

La opción bytes también funciona igual para la cola. Para especificar el número de bytes para los que desea ver.

La opción bytes es la opción -c. Puede escribir el comando de dos maneras.

cola - c<num> <nombre de archivo>

cola -c20jtp.txt

Comando Cat: Copiar Content

También puede copiar contenido de un archivo a otro con la ayuda del comando cat. El comando cat es una herramienta poderosa, ya que le permite hacer un montón de cosas con archivos. Tiene múltiples funcionalidades, incluyendo

- Posibilidad de mostrar el contenido del archivo

- Copiar el contenido del archivo de uno a otro

- Concatenar el contenido de varios archivos

- Visualización del número de línea

- Mostrar símbolo $ al final de la línea.

El comando cat solo se utiliza para mostrar archivos de texto. Si intenta leer archivos ejecutables con cat, mostrarácontenido burbujeante. Para mostrar caracteres no imprimibles, debe utilizar la opción -v. Para mostrar las líneas numéricas, debe utilizar la opción -n. Cubriremos más sobre estos más tarde.

Vamos a repasar cada una de las funcionalidades una por una.

Visualización del contenido del archivo

Al igual que el comando head y tail, puede utilizar el comando cat para mostrar el contenido del archivo. La sintaxis para mostrar el contenido es:

gato <nombre de archivo>

gato example1.txt

```
nitt@nitt-Virtual-Machine ~/learn1> cat example1.txt
This is an example file
Linux Learning
We are learning how to edit files
5+2 = 7
??
a
b
c
d
ef
gh
This are the last few lines
The world is ending
Now we have to save it by coding
And coding starts with Linux
That's why we learn Linux
Welcome to the New World
We saved the wordl!
Hello World 2020 and Beyond
Welcome machines!
```

También puede elegir mostrar contenido de varios archivos. Para ello, debe utilizar el siguiente comando:

cat file1 archivo 2 archivo 3

Como mencionamos anteriormente, cat es un poderoso comando. Viene con un montón de opciones y funciones.

Creación de un archivo

También es posible crear un archivo utilizando el comando cat. Para ello, debe utilizar el símbolo > seguido del nombre de archivo que desea crear.

gato > (nombre de archivo)

Una vez que escriba el comando en el terminal, crea y comienza a grabar sus pulsaciones de teclas. Puede introducir contenido en el archivo. Para pasar a la siguiente línea, puede presionar ENTER. Una vez hecho esto, simplemente haga clic en CTRL + D para guardar y cerrar.

gato > example2.txt

```
cat: example2.txt: No such file or directory
nitt@nitt-Virtual-Machine ~/learn1> cat > example2.txt
This is the 2nd file
I hope it saves

nitt@nitt-Virtual-Machine ~/learn1> █
```

Hemos creado el nuevo archivo, example2.txt, con el contenido mostrado anteriormente.

El símbolo > significa que la salida va al nombre de archivo. Al hacerlo, podemos usar a cat como un editor rudimentario capaz de hacer cosas básicas.

También puede comprobar el contenido del archivo mediante el comando cat <filename>.

Anexar contenido a un archivo

La anexión de contenido al archivo también se puede hacer mediante el comando cat. La anexión se puede hacer usando el >> (flecha derecha doble).

La sintaxis para ello es:

gato >> (nombre de archivo)

gato >> example2.txt

```
nitt@nitt-Virtual-Machine ~/learn1> cat >> example2.txt
We added more stuff
Awesome!
nitt@nitt-Virtual-Machine ~/learn1> cat example2.txt
This is the 2nd file
I hope it saves

We added more stuff
Awesome!
nitt@nitt-Virtual-Machine ~/learn1>
```

Para comprobar si el nuevo contenido se agrega o no, simplemente haga el comando cat con el nombre de archivo de nuevo.

Copia de archivos

Copiar archivos es donde el comando cat sobresale. Le permite copiar archivos. Esto significa que puede copiar uno o más archivos mediante el comando cat. Si utiliza el comando, simplemente crea una copia exacta del archivo que se está copiando y lo guarda con un nombre diferente. El primer nombre de archivo se copia en el segundo.

La sintaxis es:

gato (nombre de archivo1) > (nombre de archivo2)

En el comando cat anterior, filename1 se copia en filename2. Además, si filename2 no existe, simplemente lo creará antes de copiar el contenido en él. Un aspecto más que usted necesita tener en cuenta es que si el archivo que está copiando, existe, simplemente se sobrescribirá. Es por eso que siempre utilice el comando ls antes de ejecutar el comando cat.

Concatenación de archivos

También puede concatenar archivos con la ayuda del comando cat. Para ello, debe escribir nombres de archivo seguidos entre sí y, a continuación, utilizar el símbolo > para convertir el resultado en un nuevo archivo.

gato (nombre de archivo) (nombre de archivo2) (nombre de archivo3) > nombredearchivo final

cat example1.txt example2.txt example3.txt > example4.txt

El archivo example4.txt ahora contendrá todos los textos de los otros tres archivos.

Si desea agregar una nueva línea mientras concatena los archivos, entonces necesita utilizar un - (guión) después del comando cat.

gato - (nombre de archivo) (nombre de archivo2) (nombre de archivo3) > nombredearchivo final

cat example1.txt example2.txt example3.txt > example5.txt

El archivo example5.txt contendrá todo el contenido de los otros tres archivos, pero también se asegurará de que el contenido del archivo esté separado por una nueva línea.

Mostrar líneas de visualización

Si desea mostrar los números de línea de visualización, puede agregar la opción -n al comando cat. La sintaxis es la siguiente:

gato -n <nombre de archivo>

cat -n example1.txt

```
nitt@nitt-Virtual-Machine ~/learn1> cat -n example1.txt
     1  This is an example file
     2  Linux Learning
     3  We are learning how to edit files
     4  5+2 = 7
     5  ??
     6  a
     7  b
     8  c
     9  d
    10  ef
    11  gh
    12  This are the last few lines
    13  The world is ending
    14  Now we have to save it by coding
    15  And coding starts with Linux
    16  That's why we learn Linux
    17  Welcome to the New World
    18  We saved the wordl!
    19  Hello World 2020 and Beyond
    20  Welcome machines!
nitt@nitt-Virtual-Machine ~/learn1>
```

También puede eliminar las líneas vacías mediante la opción -b.

gato -b <nombre de archivo>

Visualización de $ al final de cada línea (opción-e)

La opción -e cat le permite agregar un símbolo $ después de cada línea.

cat -e example1.txt

Comando Tac - Invertir del comando Cat

El comando tac es donde las cosas se ponen interesantes. Se utiliza para mostrar contenido hacia atrás. Y, por lo tanto, ahora se llama el comando del gato hacia atrás. Por lo tanto, básicamente, genera la última línea primero, seguida de la segunda última línea, y así sucesivamente.

La sintaxis del comando tac es:

tac <nombre de archivo>

tac example1.txt

```
nitt@nitt-Virtual-Machine ~/learn1> tac example1.txt
Welcome machines!
Hello World 2020 and Beyond
We saved the wordl!
Welcome to the New World
That's why we learn Linux
And coding starts with Linux
Now we have to save it by coding
The world is ending
This are the last few lines
gh
ef
d
c
b
a
??
5+2 = 7
We are learning how to edit files
Linux Learning
This is an example file
```

Ahora, ¿tiene sentido el archivo? ¿No es así? ;)

También puede separar el contenido mediante el comando tac con la ayuda de la opción --separator. La sintaxis es la siguiente:

tac <nombre de archivo> --separador "<string>"

tac example1.txt --separator "the"

Más comando

El comando cat no es el único comando que le permite ver el contenido del archivo. También puede utilizar el comando **more.**

El comando more es útil cuando se muestra un archivo grande como el comando cat solo muestra una parte del archivo en la pantalla. Vamos a comprobar las cuatro pulsaciones de teclas importantes necesarias para trabajar con más comando.

- Desplácese hacia abajo, línea por Línea → Introduzca la clave

- Próximap edad - Barra espaciadora

- Ir a la página antigua - tecla b

- / clave: búsqueda de cadenas

La sintaxis para el comando more es:

más <nombre de archivo>

Hay funcionalidad adicional al comando **more.** Vamos a repasarlos abajo.

Línea límite

Puede limitar el número de líneas que se muestran en la pantalla de una en una. Para ello, debe utilizar la opción -num.

Después del comando más, simplemente coloque el número después del guión. La sintaxis del comando es la siguiente.

más -<num> file1.txt

Ejecutar el siguiente comando en el terminal dará como resultado la visualización de 5 líneas después de la examples1.txt

más -5 example1.txt

Cambiar el <num> cambiará el número de líneas que se introducirán.

Apriete las líneas en blanco

Con la opción de -s, puede exprimir líneas en blanco del archivo.

Menos comando

Al igual que el comando más, también hay un comando menos. El comando less es similar al comando more de muchas maneras, pero también viene con muchas características adicionales. Por ejemplo, el comando less es proactivo cuando se trata de ajustar la altura y la anchura de la ventana. La sintaxis del comando less es la siguiente:

menos <nombre de archivo>

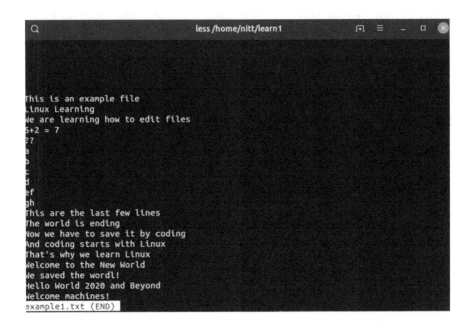

```
Q                        less /home/nitt/learn1              ⊞  ≡  _  □  ⊗

This is an example file
Linux Learning
We are learning how to edit files
5+2 = 7
??
a
b
c
d
ef
gh
This are the last few lines
The world is ending
Now we have to save it by coding
And coding starts with Linux
That's why we learn Linux
Welcome to the New World
We saved the wordl!
Hello World 2020 and Beyond
Welcome machines!
example1.txt (END)
```

También puede buscar una cadena con la ayuda de /. Todo lo que necesita hacer es agregar la cadena que desea buscar. Por ejemplo, /the. El comando debe escribirse cuando ya tiene un archivo abierto. No hay ninguna clave especial que deba abrirse antes de poder utilizar el comando.

Navegando por el comando less

Si ha intentado ejecutar el comando, debe haber notado que el archivo se abre en una nueva página. Esto es muy similar al editor vim popular (lo cubriremos en un capítulo posterior). Para aprovechar al máximo el editor ligeramente avanzado, es necesario utilizar las opciones de navegación que se proporcionan con él.

La navegación de búsqueda es la primera característica. Le permite desplazarse por el archivo hacia delante y hacia atrás.

- /string: busque la cadena mencionada después de / en el archivo

- n: búsqueda de la siguiente coincidencia

- N: búsqueda de coincidencias anterior

Todos los comandos anteriores son para la búsqueda directa. También puede realizar una búsqueda hacia atrás mediante las siguientes teclas.

- ?: búsqueda de patrones para la siguiente ocurrencia

- n: dirección hacia atrás para el próximo partido

- N: dirección de avance para el partido anterior

La ruta de búsqueda se puede realizar mediante el siguiente patrón:

Adelante: /-casa/nitt//

Retroceso: /home/nitt

Si desea hacer scre en navigation, entonces usted tiene que utilizar los siguientes comandos

CTRL + f: una ventana hacia adelante

CTRL + d: media ventana hacia adelante

CTRL + b: una ventana hacia atrás

CTRL + u: media ventana hacia atrás

La navegación de línea, por otro lado, se puede hacer usando "j" y "k" para adelante y hacia atrás por una línea, respectivamente. Otras opciones de navegación clave incluyen:

g: ir al inicio del archivo

G: ir al final del archivo

q o ZZ: salir del archivo

Impresión de un archivo: comando lp

Imprimir un archivo también es fácil en Linux. Pero para proteger la impresora del acceso no autorizado, a nadie se le da acceso directo a la impresora. Para imprimir el archivo, debe pasar por un carrete que ofrezca una cola de impresión.

Para imprimir, debe utilizar el comando lp

lp <nombre de archivo>

$lp example1.txt

Esto imprimirá el archivo example1.txt. Además, el comando puede invocarse inmediatamente, pero la impresión puede tardar algún tiempo, dependiendo de la cola.

Antes de intentar utilizar el comando, debe asegurarse de que la impresora está conectada al sistema operativo Linux. Para ello, debe navegar hasta el http://localhost:631. Allí debería poder agregar una impresora y establecerla de forma predeterminada.

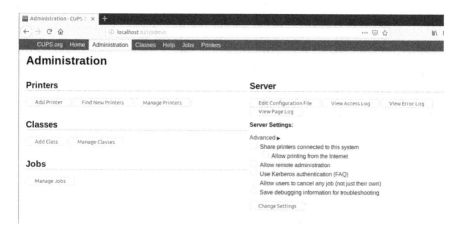

Para comprobar las impresoras disponibles, puede utilizar el siguiente comando

> lpstat -p -d

Para establecer un valor predeterminado de impresora, utilice el comando lpoptions

> lpoptions -d <impresora>

Y finalmente compruebe si está establecido en default o no escribiendo lpq.

comando wc: contar caracteres, palabras y líneas

Linux viene con el comando wc que le permite contar líneas y caracteres. Todo lo que necesita hacer es utilizar el comando wc poner el nombre de archivo como argumento.,

wc example1.txt
20 68 325 example1.txt

La 2a línea se lee como 20 líneas, 68 palabras y 135 caracteres. Una línea se define como un conjunto continuo de palabras que no están separadas por una nueva línea. Una palabra, por otro lado, es el conjunto de caracteres que no están separados por una nueva línea, tabulación o espacio. Por último, un carácter es la unidad de información más pequeña.

mandato wc también viene con diferentes opciones como abajo

wc -l para mostrar el número de líneas

wc -w - para mostrar el número de palabras

wc -c á para mostrar el número de caracteres

comando cmp: comparar dos archivos

El comando cmp le permite comparar dos archivos. Le ayuda a asegurarse de que no guarda dos copias de un archivo, lo que ahorra espacio en el proceso.

La sintaxis es la siguiente:

cmp <filename1> <filename2>

Vamos a ejecutar el comando utilizando dos archivos, example1.txt y example2.txt

$cmp example1.txt example2.txtexample1.txt
example2.txt difieren: byte 9, línea 1

Como usted puede ver la salida dice claramente que hay una diferencia en el texto por 9 bytes y 1 línea.

Sin embargo, si comparamos dos archivos similares, no devolverá nada.

$ cmp example1.txt example1.txt

No devolver ningún valor en Linux significa que es cierto y usted debe ser consciente de ello mientras se ejecutan otros comandos en el sistema operativo Linux.

También puede ir para obtener una lista detallada mediante la opción -l.

$cmd -l example1.txt example2.txt

comando comm: Encontrar el común

c0mm comando es otro comando útil cuando se trata de manejar archivos en Linux. Le permite encontrar cosas comunes entre dos archivos. Por ejemplo, si tiene dos archivos con la lista de personas, puede usar el comando comm.

Vamos a crear dos archivos usando la listade personas.

$ cat file1
A.M Bach
CD Maxima
Clay More
Mater Nich

```
$ cat file2
Barun muster
A.M Bach
Imperial Pwr
Clay More
Mater Nich
```

Vamos a ejecutar el comando comm contra los dos archivos.

archivo comm file12

Comoresultado, obtendrá una salida de tres columnas.

comando diff: convertir un archivo a otro

La comparación de dos archivos también se puede hacer con el comando diff. Se offe rs un mejor detallado en comparación con loscomandos cmp y comm. También indica los cambios como instrucciones para que sepa qué cambios se deben realizar para que sean idénticos.

archivo diff12

Archivar y comprimir archivos

El espacio en disco siempre está limitado en cualquier sistema. Por eso hay técnicas de compresión. La compresión también es bienvenida cuando se trata de enviar un montón de archivos a otra persona, ya sea a través de correo electrónico o compartir a través de pen drive.

Hay muchas utilidades de compresión y descompresión de archivos en Linux, including gzip, gunzip, bzip2, bunzip2, zip y unzip. También tenemos compresión de archivos tar. Vamos a repasarlos abajo.

gzip y gunzip

Gzip es una utilidad popular que funciona con varios tipos de archivos. Una vez realizada la compresión, guarda el archivo comprimido en el archivo .gz.

Para ver la compresión en acción, vamos a contar el tamaño del archivo antes y después de la compresión.

$ wc -c example1.txt
325 example1.txt
$ gzip example1.txt
$ wc -c example1.txt.gz
244 example1.txt.gz

Usted puede ver que hay al menos 30-40% de compresión que logramos usando el gzip.

gzip también viene con toneladas de opciones variables.

- d opción le permite restaurar el archivo original sin comprimir. También puede utilizar el comando **gunzip** para restaurar un archivo comprimido a su estado original.

gzip -d example1.txt.gz - recupera example1.txt

gunzip example1.txt.gz - recupera example1.txt

Si está buscando comprimir todos los archivos dentro de un directorio, entonces necesita utilizar la opción recursiva -r. Comprimirá recursivamente todos los archivos dentro de los subdirectorios. Para que la opción -r funcione, debe asegurarse de que hay al menos un directorio.

tar programa de archivo

tar también le permite crear un archivo de disco. Se utiliza principalmente para hacer copias de seguridad de archivos en el disquete o cinta.

alquitrán viene con múltiples opciones, incluyendo las siguientes

- c á para crear un archivo

- x á para extraer archivos

- t para mostrar los archivos de archivo

- f arch - utilizado para especificar el archivo de arco.

Para crear un archivo, debe mencionar los nombres de los archivos después del comando tar. También debe utilizar -c(para la operación de copia o escritura), -f(para especificar nombres de archivo) y -v(para verbose).

$ tar -cvf finalachive.tar example1.txt example2.txt file1 file2

Puede optar por utilizar la extensión .tar mientras ejecuta el comando. Si no lo hace, colocará automáticamente una extensión .tar en el archivo de archivado.

Extraer archivos de un archivo tar es fácil. Todo lo que necesita hacer es usar la opción -x.

$tar -x finalarchive.tar

También puede ver el archivo antes de desarchivarlo. Se puede hacer usando la opción -t.

tar -tvf finalarchive.tar

zip y descomprimir

La última técnica de compresión que vamos a utilizar es zip y descomprimir. Inicialmente no estaban disponibles en el sistema operativo Linux, pero la popularidad de los programas PKZIP y PKUNZIP pronto llegó al sistema operativo Linux.

zip ofrece lo mejor de ambos mundos - alquitrán y gzip. Utiliza la función de compresión gzip y la función de archivado de alquitrán. Mediante el uso de zip, se está ahorrando tiempo al no ejecutar dos comandos, y también asegurarse de obtener un archivo de mejor calidad general.

La sintaxis del comando zip es la siguiente:

> zip <nombre de archivo comprimido> <archivo1> <archivo2> <archivo3>

Las opciones proporcionadas con zip incluyen las siguientes:

> zip -r - Para comprimir recursivamente

Para descomprimir, puede utilizar el comando descomprimir.

Cosas que aprendimos en este capítulo

- comando head para ver el inicio del archivo.

- El comando cat se puede utilizar para copiar contenido y otras funciones, incluida la visualización del número de línea, la capacidad de mostrar el contenido del archivo, etc.

- el comando tac es el reverso del comando cat y le permite leer los archivos inversos.

- más comando le permiten ver el archivo.

- menos comando ofrece mejores características en comparación con más comando

- Le permite editar archivos con características decentes. menos comando es similar a vim.

- La impresión de un archivo se puede hacer mediante el comando lp

- el comando wc le permite contar líneas, palabras y caracteres

- cmp comando es útil para comparar dos archivos.

- comando comm le permite encontrar cosas comunes entre dos archivos

- diff comando funciona similar a comm y cmp, pero ofrece una mejor funcionalidad

- Puede archivar archivos utilizando técnicas de compresión como gzip, zip y tar.

- También hay técnica de descompresión incluyendo gunzip y descomprimir.

Capítulo 7

Utilidades de Uso General

Ya hemos aprendido muchos comandos. Todos ellos son necesarios para dominar el sistema operativo Linux. Pero, también necesita aprender acerca de algunos de los comandos de utilidad de propósito general. Estos comandos hacen cosas simples, pero son muy interesantes.

Estos comandos le darán una idea de lo que el sistema operativo Linux tiene para ofrecer. Estos comandos de utilidad son útiles, pero sólo vamos a pasar por algunos de ellos.

comando cal: Calendario

cal comando le permite ver la fecha actual, mes y año en un formato de calendario. Le permite ir a través de un calendario perfectamente calibrado que se puede utilizar para planificar las cosas. Veamos la sintaxis siguiente:

cal <<mes> año>

Si escribe el comando cal, se le mostrará el calendario actual en función de la fecha y hora actuales. También puede incluir el mes y el año si desea ver el calendario para ese período de tiempo.

Si desea ver el calendario para un año en particular, simplemente escriba el argumento del año como cal 2004. Sin embargo, el calendario saltará al último mes. Para ralentizarlo y moverlo un mes a la vez, puede utilizar el comando más o menos mediante tuberías.

cal 2004 Más

El símbolo se utiliza para concatenar los dos comandos. En este caso, más simplemente toma la entrada del comando cal.

Visualización de la fecha del sistema

Todas las máquinas tienen un mecanismo de reloj adecuado. Una vez que una máquina se apaga, la batería de respaldo se asegura de realizar un seguimiento del reloj. Puede acceder a la hora exacta mediante el comando date

$date

Jue Oct 10 03:11:28 IST 2019

Hay otras opciones que puede utilizar con la fecha.

fecha +%m para mostrar el número de mes actual

fecha +%h para mostrar el nombre del mes actual

fecha +%h %m para mostrar el número y el nombre del mes actual

Del mismo modo, también puede utilizar otros especificadores de formato, incluidos d para el día, y para el año,H, M y S para hora,minuto y segundo, D para el formato mm/dd/aa, T parael formato hh:mm:ss.

eco e printf

Hemos utilizado el comando echo varias veces en nuestros últimos capítulos. A estas alturas, deberías saber lo que hace. Pero en aras de su finalización, vamos a discutirlo aquí.

echo se utiliza para mostrar mensajes de terminal. Es por eso que es muy útil cuando se trata de escribir guiones. También se utiliza para leer variables de shell.

Hay otra forma de mostrar mensajes. Puede utilizar printf.

printf "Hola, mundo"
Hola, mundo

printf también le permite leer las variables de shell. Pero para mostrar variables, debe usar el formato para cada tipo de datos que desea mostrar. Por ejemplo, debe usar %s para string o $d para decimal.

Calculadora

Hay una calculadora totalmente funcional dentro del sistema operativo Linux llamado Ubuntu. Puede utilizar la calculadora gráfica (xcalc) o la calculadora basada en texto (bc).

Si usted está buscando una calculadora fácil de usar, el xcalc es lo que necesita utilizar. Sin embargo, si te gustan los comandos y quieres cálculos rápidos sin la necesidad de tocar el ratón, entonces deberías probar el comando bc.

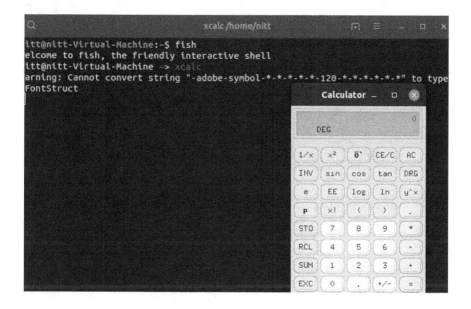

En la captura de pantalla anterior, puede ver xcalc en acción. Echemos un vistazo a cómo funciona el comando bc.

$bc

```
nitt@nitt-Virtual-Machine -> bc
bc 1.07.1
Copyright 1991-1994, 1997, 1998, 2000, 2004, 2006, 2008, 2012-2017 Free Software
 Foundation, Inc.
This is free software with ABSOLUTELY NO WARRANTY.
For details type `warranty'.
5+9
14
nitt@nitt-Virtual-Machine -> 
```

Puede hacer todo tipo de cálculos aquí. Simplemente escriba la instrucción de cálculo y presione enter para obtener el resultado. Debe presionar CTRL + D para salir de la calculadora.

También hay una opción para realizar varios cálculos en una sola línea. Para ello, es necesario utilizar el ; como delimitador.

```
nitt@nitt-Virtual-Machine -> bc
bc 1.07.1
Copyright 1991-1994, 1997, 1998, 2000, 2004, 2006, 2008, 2012-2017 Free Software
 Foundation, Inc.
This is free software with ABSOLUTELY NO WARRANTY.
For details type 'warranty'.
5+6; 9*7
11
63
```

En la imagen anterior, calculamos dos ecuaciones, y el resultado se produjo en una línea separada.

El comando bc está configurado para realizar solo cálculos enteros. Para habilitar los cálculos de punto flotante, debe cambiar la variable de escala.

La escala de ajuste n.o 2 significará que mostrará resultados de hasta dos dígitos después del archivo . (punto). También puede cambiar el número de una base a otra.

Grabación de su Screen: Script Command

¿Alguna vez ha querido comprobar qué comandos ejecute la última vez y qué comando falló? Aprender de tus errores es la mejor manera de aprender. Con Linux, puede hacerlo grabando la pantalla mediante el comando script.

El comando script almacena todas las pulsaciones de teclas en un archivo. Además, también almacenará mensajes de error y salida, lo que lo convierte en la mejor referencia para usted. Es similar a la contabilidad de registros.

Para iniciar el script, debe escribir el siguiente comando

$scriptScript iniciado,
el archivo es typescript

Para salir de la sesión, debe escribir exit en el terminal. Una vez hecho esto, mostrará la siguiente salida.

Script hecho, el archivo es **typescript**

Para ver el archivo, debe utilizar el comando cat.

mecanografiado gato

El archivo de tiposcript siempre se sobrescribe cuando se ejecuta una nueva sesión de script. Por lo tanto, si desea asegurarse de que tiene una copia del archivo, asegúrese de hacer una copia mediante el comando cp.

Correo electrónico Basics

Los correos electrónicos son universales. Como usuario de Internet, seguramente sabe cómo funciona el correo electrónico. Le permite transmitir mensajes de un usuario a otro (ya sea en la misma red u otro) casi al instante. Los correos electrónicos son muy útiles cuando se trata de comunicación. Puede responder al remitente, reenviar el mensaje, guardarlo, imprimirlo y eliminarlo.

En este momento, el esquema de direccionamiento de correo electrónico es simple. Tiene direcciones de correo electrónico en el formato de username@domainname.com.

Pero, cuando Linux (o Unix) salió, las direcciones de correo electrónico tienen diferentes formas.

mail robert - esto funcionará si Robert está en la misma red

correo robert@mars - esto funcionará si Robert está en la otra red marte.

También puede hacer mailx para trabajar con una dirección de correo electrónico de Internet como a continuación:

selflearning@gmail.com mailx

Correo

correo electrónico es un agente de correo basado en caracteres que le permite trabajar con correos electrónicos. Si está utilizando Ubuntu 19.04, entonces primero debe instalar el paquete de correo.

sudo apt-get install mailutils

Una vez instalado, obtendrá una configuración de Postfix donde puede seleccionar la configuración del servidor de correo.

Usted obtiene opciones como abajo

- Sin configuración

- Sitio de Internet

- Internet con host inteligente

- Sistema satelital

- Sólo local

Para enviar un correo electrónico,todo lo que necesita hacer es escribir el siguiente comando.

mail -s "Hola, Peter" username@domainame.com

Una vez que lo escriba, se le pedirá la dirección de correo electrónico a la que desea enviar el correo electrónico, el CC, y luego tiene que escribir el cuerpo del correo electrónico.

También puede incrustar el asunto y el mensaje junto con el comando.

mail -s "Línea de asunto" username@domainname.com <<< "El mensaje que desea enviar"

El comando anterior también se puede escribir como se muestra a continuación eco "Cuerpo de correo electrónico" mail -s "Subject line" -aFrom: Sendersender@xyz.com?> username@domainname.com

También puede tomar un mensaje de un archivo y utilizarlo con el comando mail

mail -s "Subject Line" username@domainname.com < /home/user/file1.txt

La lectura de correo se puede hacer mediante el comando de correo. Simplemente escríbelo y verás todos los correos electrónicos que has recibido.

Passwd

La seguridad es una parte importante de cualquier sistema operativo. Es por eso que necesita establecer su contraseña de inmediato cuando realice su instalación de Linux. Sin embargo, hay ocasiones en las que necesita cambiar su contraseña. Puede hacerlo con la ayuda del comando **passwd.**

$passwd
Cambio de contraseña para el usuario
Contraseña actual: *******
Nueva contraseña: *******
Reescribir nueva contraseña: *********
passwd: contraseña actualizada con éxito

Todo el proceso de cambio de la contraseña requiere tres mensajes. En el primer mensaje, debe escribir la contraseña actual, seguida de la nueva contraseña, y finalmente volver a escribir la nueva contraseña.

Usuarios del sistema operativo Linux

El sistema operativo Linux ofrece soporte multiusuario. Eso es muy útil, ya que no hay necesidad de hacer la instalación de Linux por separado si alguien más quiere utilizar el sistema. Además, los servidores Linux remotos pueden ser administrados por varios administradores.

Para conocer a los usuarios de su instalación de Linux, debe pasar por el archivo /etc/passwd.

gato /etc/passwd

Esto le mostrará los diferentes usuarios en el sistema. Para asegurarse de que usted pasa a través de todos los usuarios, utilice más o menos con el comando cat.

gato /etc/passwd ? Más

gato /etc/passwd ? Menos

Verá un muro de texto: la primera columna es el nombre de usuario. Para enumerar solo el nombre de usuario, puede utilizar el comando awk. Aprenderemos sobre el comando awk más adelante. Por ahora, puede pensar en él como un comando que filtra el contenido.

awk -F':' "imprimir $1" /etc/passwd

O utilice el comando de corte como se indica a continuación:

corte -d: -f1 /etc/passwd

Conozca su comando Terminal: tty

Como ya hemos mencionado que todo en Linux es un archivo o un proceso. Si desea saber qué archivo de terminal se está utilizando, puede utilizar el comando tty.

> tty significa el comando teletipo.
> $tty
> /dev/pts/0

Aquí el archivo de terminal es 0 en el directorio pts. El directorio pts, por otro lado, está dentro del directorio /dev. Si está utilizando una distribución de Linux diferente, puede encontrar que el archivo de terminal es diferente.

El archivo ttyl se puede utilizar para controlar el comportamiento del script de shell. El comportamiento, sin embargo, depende del terminal.

Para configurar y comprender un terminal, puede utilizar el comando **stty.** El comando stty le permite obtener más información sobre el terminal. Por ejemplo, el terminal podría utilizar una combinación diferente para terminar comandos. En nuestro caso, es CTRL + D, pero puede ser cualquier otro combo de teclas para su terminal.

comando stty también viene con un montón de opciones. Para ver todas las opciones en la configuración actual, es necesario utilizar la -unaopción.

```
nitt@nitt-Virtual-Machine:~$ stty -a
speed 38400 baud; rows 24; columns 80; line = 0;
intr = ^C; quit = ^\; erase = ^?; kill = ^U; eof = ^D; eol = <undef>;
eol2 = <undef>; swtch = <undef>; start = ^Q; stop = ^S; susp = ^Z; rprnt = ^R;
werase = ^W; lnext = ^V; discard = ^O; min = 1; time = 0;
-parenb -parodd -cmspar cs8 -hupcl -cstopb cread -clocal -crtscts
-ignbrk -brkint -ignpar -parmrk -inpck -istrip -inlcr -igncr icrnl ixon -ixoff
-iuclc -ixany -imaxbel iutf8
opost -olcuc -ocrnl onlcr -onocr -onlret -ofill -ofdel nl0 cr0 tab0 bs0 vt0 ff0
isig icanon iexten echo echoe echok -echonl -noflsh -xcase -tostop -echoprt
echoctl echoke -flusho -extproc
nitt@nitt-Virtual-Machine:~$ 
```

  $stty

  speed 38400 baudios; línea 0;-

  brkint -imaxbel iutf8

Como puede ver, al ejecutar el comando $stty se mostrará la velocidad en baudios. Es la velocidad de la terminal. En la imagen anterior, también puede ver los valores establecidos en diferentes palabras clave, incluida la palabra clave para interrumpir, matar, eof,etc.

comando sudo

El comando sudo es uno de los comandos más útiles que utilizará. No es un comando de utilidad de propósito general, pero creo que debe mencionarse aquí por simplicidad.

sudo significa superusuario y permite a los superusuarios trabajar con el sistema. Con él, algunos comandos se pueden ejecutar. Es necesario para los comandos que alteran la información confidencial, incluido el cambio del sistema de archivos, la instalación de software o los archivos de configuración de cambio.

También puede utilizarlo para actualizar el sistema.

sudo apt-get actualización

Sin embargo, una vez que utilice el comando sudo, se le pedirá que introduzca la contraseña. Si la contraseña es correcta, se completará la operación. Pero, si falla, se le pedirá que introduzca la contraseña de nuevo.

Para actualizar el sistema, debe ejecutar el siguiente comando:

sudo apt-get upgrade

Cosas que aprendimos en este capítulo

- Pasamos por algunas utilidades de uso general

- cal comando le permite trabajar con el calendario.

- eco e printf se pueden utilizar para mostrar contenido en el terminal

- Para acceder a la calculadora en un formato basado en texto, debe utilizar el comando bc

- Una calculadora gráfica, xcalc también está disponible.

- Puede grabar la pantalla mediante el comando script.

- Los correos electrónicos se pueden hacer usando el comando mail.

- Puede cambiar la contraseña mediante el comando passwd.

- Puede conocer su terminal utilizando el comando tty

- Los usuarios de sistemas pueden ser listados usando cat /etc/passwd

- comando sudo se utiliza para ejecutar comandos sensibles

Capítulo Eight

Estándar de jerarquía del sistema de archivos Linux (FHS)

C omo principiante, también necesita aprender sobre el sistema de archivos ofrecido por Linux u otros sistemas basados en Unix. Al aprender sobre el sistema de archivos, ustedserá capaz de entenderlas ubicaciones de los archivos y carpetas dentro del sistema operativo Linux.

La última versión del sistema de archivos fue lanzado en 2015. Actualmente, es la versión 3.0 y es mantenido por Linux Foundation. Pero, el FHS no es seguido por cada distribución por ahí. La elección del sistema de archivos depende del objetivo que una distribución quiere alcanzar. Incluso Linux sigue el FHS parcialmente. La estructura del sistema de archivos también depende de la directiva de la distribución.

Para conocer el sistema de archivos que sigue la distribución, debe escribir el siguiente comando:

hombre hier

Le dará toda la información sobre la estructura de directorios. Como está utilizando el comando man, debe usar el botón de página hacia abajo para ir a la siguiente página o flecha si desea moverse lentamente.

Vamos a discutir el directorio importante y sus roles en el sistema operativo Linux.

Directorio raíz

El directorio raíz es el director madrery. Esto significa que todos los directorios de Linux están contenidos dentro del directorio raíz. El directorio raíz se indica mediante el símbolo (/). Por lo tanto, si ahora sabe que cada archivo permanece dentro del directorio raíz.

Tipos de directorios

El directorio Linux se puede clasificar según el tipo de archivos o directorio que contiene. Vamos a enumerarlos a continuación:

- Directorios binarios

- Configuración directories

- Directorios de memoria

- Directorios de datos

- usr(Recursos del sistema Unix)

- var(directorio variable)

- directorio no estándar

Directorio binario

Los archivos contenidos en el directorio son código fuente o código de máquina. Todos los archivos almacenados en el directorio binario son archivos ejecutables. En los directorios binarios, hay cuatro directorios principales, incluidos los siguientes:

- /bin

- /sbin

- /lib

- /opt

/bin: el directorio /bin contiene los comandos, archivos ejecutables y archivos binarios de Linux. Todos estos archivos sólo se pueden utilizar en un solo modo de usuario. Ya hemos utilizado los comandos almacenados en el directorio /bin incluyendo ls, cd, cat, y así sucesivamente. Además, el directorio solo tiene archivos y ningún subdirectorio.

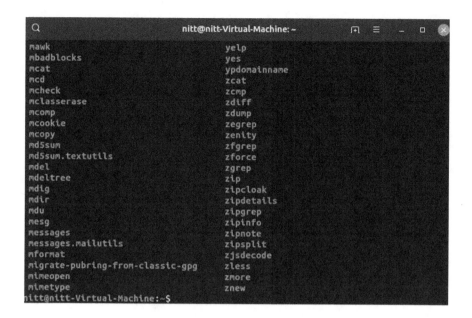

La captura de pantalla anterior le da una visión de lo que contiene el directorio /bin. Como puede ver, contiene todos los diferentes archivos ejecutables para los comandos de Linux. También puede encontrar los comandos comunes que utiliza con un propósito diario. Para ver el contenido del directorio lentamente, puede concatenar el comando ls con más. Consulte el siguiente comando sobre cómo hacerlo.

ls /bin ? Más

ls /bin ? Menos

/sbin: el directorio /sbin es el directorio que contiene todos los archivos binarios del sistema. Los archivos binarios del sistema no pueden ser ejecutados por los usuarios, sino solo por el administrador que tiene privilegios raíz. El directorio contiene comandos que se utilizan para realizar el mantenimiento del sistema, incluidos los comandos populares de ifconfig, root, init, etc.

Puede comprobar el contenido del directorio escribiendo el siguiente comando.

ls /sbin

/lib- El tercer directorio dentro del directorio raíz que vamos a discutir es el directorio /lib. El directorio contiene las bibliotecas compartidas del directorio /bin y /sbin. Además de las bibliotecas compartidas, también contiene el módulo kernel. Las bibliotecas del módulo kernel se pueden identificar con la ayuda de lib*.so*. O ld*. Los nombres de los archivos incluyen los gustos de ld-linux.so.2

Si hace el comando ls en el directorio /lib, encontrará dos directorios más.

- /lib/modules - Contiene los módulos del núcleo. Cada kernel instalado tiene su propio directorio. Los módulos son capaces de utilizar nuevo hardware con la necesidad de hacer

- /lib64 y /lib32: aquí las bibliotecas se basan en bibliotecas de 32 y 64 bits. El /lib32 contiene las bibliotecas de 32 bits para el sistema de 32 bits, mientras que /lin64 contiene bibliotecas para el sistema de 64 bits. Las bibliotecas de 32 bits no siempre son compatibles con las bibliotecas de 64 bits.

/opt: el directorio /opt es para paquetes de software de aplicación opcionales. Como habrá adivinado, /opt significa opcional. Todas las aplicaciones adicionales que instale se almacenan aquí. Además, también se almacena cualquier software opcional requerido por los proveedores. El /opt puede estar vacío si no tiene ningún paquete de software instalado. En mi caso, sólo tengo el directorio de Google en él.

ls /opt

```
nitt@nitt-Virtual-Machine:~$ ls /opt
google
nitt@nitt-Virtual-Machine:~$ █
```

Está allí porque he instalado chrome en mi instalación de Linux.

Directorio de configuración

El directorio de configuración es donde se almacenan todos los archivos de configuración. Los archivos contienen todos los ajustes iniciales y parámetros configurables para los programas informáticos Linux.

El directorio de configuración contiene dos directorios.

- /boot

- /etc

/boot: el directorio de arranque contiene los archivos necesarios para realizar el arranque del sistema. Contienen los archivos del gestor de arranque. El /boot directory no contiene ningún otro archivo que el gestor de arranque archivos - sólo los archivos que se requieren para obtener el sistema operativo Linux listo para operar.

Para ver qué archivos contiene el directorio, debe utilizar el siguiente comando

    ls /boot

/etc: el directorio /etc es responsable de almacenar los archivos de configuración de la máquina. Esto significa que los archivos de configuración del sistema se almacenan aquí (bueno, la mayoría de ellos). El directorio /etc también contiene el shell de apagado e inicio que se puede utilizar para detener o iniciar un programa. Sin embargo, el directorio /etc no puede contener los archivos binarios. Esto significa que solo contiene archivos estáticos o basados en texto.

El **nombre, etc.** proviene de la palabra, "Etcetera." Contiene todos los archivos que no entran en ninguna categoría. Sin embargo, con el tiempo, la comunidadde Linux o Unix ha hecho que el significado del nombre cambie a ' Extended Tool**Chest**'o 'Editable**Text Configuration.** '

Para tener una mejor idea de lo que el directorio /etc tiene para ofrecer, echemos un vistazo a los directorios comunes que tiene para ofrecer.

/etc/X11/: el directorio contiene los archivos de configuración del sistema X Windows. También contiene el xorg.conf, el archivo de configuración de visualización gráfica.

/etc/init.d/- el directorio contiene los archivos/scripts necesarios para iniciar o detener los procesos daemon que se ejecutan en segundo plano. El proceso, init se ejecuta en todo el fondo hasta que apague el sistema.

/etc/skel: el directorio /skel contiene las reglas para los archivos o el marco de trabajo que se utiliza cuando se crea un nuevo usuario. Contiene el esqueleto (skel) en un archivo oculto. Aunque se utiliza al crear un nuevo usuario, no es una parte obligatoria de cualquier sistema operativo Linux y se puede eliminar.

Directorio de memoria

El directorio de memoria es un directorio importante para el sistema operativo Linux. Contiene todos los archivos del sistema, incluida la información del dispositivo, el proceso en los datos o cualquier otra información del sistema. Los tres directorios principales dentro del directorio de memoria incluyen lo siguiente:

- /dev

- /proc

- /sys

/dev: el directorio dev contiene todos los archivos del dispositivo. La palabra clave dev representa el **dispositivo.** Ya hemos discutido cómo Linux ve cada dispositivo como un archivo y así es como almacena la información del dispositivo. Esto tiene una gran ventaja es que los archivos no toman espacio en disco. El directorio /dev contiene todos los archivos orientados a dispositivos a los que se puede acceder con la ayuda del terminal. La carpeta dev contiene dispositivos reales y virtuales. Vamos a repasar algunos de los subdirectorios a continuación:

- **/dev/pts y /dev/tty** - El /dev/tty es un archivo de terminal. Ofrece la interfaz de línea de comandos que está conectada al sistema operativo Linux. Se puede acceder al terminal a través de una interfaz gráfica y el terminal está generalmente representado por lo siguiente:

/dev/pts/1

- **/dev/null:** /dev/null tiene la capacidad de contener espacio en disco ilimitado. Puedes relacionarlo con el basurero donde puedes poner cualquier cosa en él. Pero, nada se puede recuperar de allí. Esto es útil para descartar la salida del terminal, que no es necesaria.

/proc: el directorio /proc contiene todos los archivos de proceso y la información. El "proc" representa el proceso. Es similar al otro sistema de pseudoarchivos, incluido /dev. Tampoco ocupa espacio en disco. /proc directorio también puede actuar como un sistema de archivos virtual.

Si ejecuta el comando ls /proc, podrá ver la información del kernel y lo que administra. También puede comunicarse directamente con el núcleo.

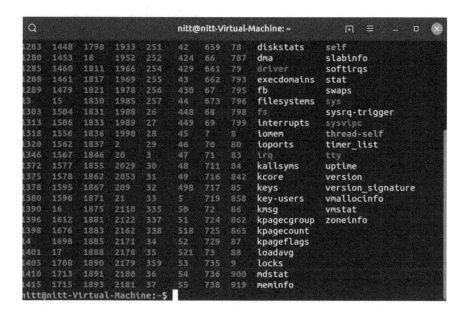

Si echa un vistazo a la captura de pantalla anterior, verá cómo los archivos se nombran como números. Algunos archivos también tienen nombres propios que hacen que sea fácil de identificar y trabajar con ellos. Además, no se confunda si ve un proceso con 0 bytes. Todavía pueden contener algunos datos, pero en un formato legible solamente. Además, para interactuar con los archivos /proc, debe tener privilegios administrativos o de raíz adecuados.

Otro comando útil que puede utilizar es /proc/interrupts. Enumera las interrupciones.

/sys: **el último directorio que vamos a discutir dentro del directorio de** memoria es el directorio /sys. Significa "sistema". El directorio /sys contiene información del kernel de hardware. El directorio /sys se introdujo por primera vez en el kernel de Linux 2.6. El /sys es un tipo /proc y por lo tanto permite a los usuarios utilizarlo para la configuración plug and play.

Directorio de datos

El directorio de datos se utiliza para almacenar datos del sistema. Contiene seis directorios principales como se indica a continuación:

- /home

- /root

- /srv

- /media

- /mnt

- /tmp

Vamos a ir brevemente a través de cada uno de los directorios.

/home: el directorio /home se utiliza para almacenar archivos de personal de usuario. Está presente para todos los usuarios. Si se crea un usuario denominado "alias", tendrá su propio directorio /home/alias para almacenar archivos de personal. Los archivos personales tienen varios subdirectorios, incluidos documentos, imágenes, descargas, escritorio, etc.

Puede comprobar lo que hay dentro de su directorio de inicio simplemente escribiendo el comando ls /home

ls /home

ls /home/alias

Cambie el alias con el nombre de usuario.

Una cosa más que usted necesita saber es que el signo de la "Tilde" se utiliza para denotar la carpeta /home/alias. Esto es muy útil si desea escribir comandos que contengan su directorio de inicio de nombre de usuario. Por lo tanto, si desea pasar a las carpetas Imágenes, simplemente puede escribir, cd /Imágenes, en lugar de escribir un comando largo cd /home/alias/Pictures

/root: el directorio /root es el directorio principal del usuario raíz. Es fácil confundirse aquí. Para simplificar las cosas, veamos qué es la raíz.

/ significa raíz que hemos definido anteriormente, pero aquí estamos mencionando **/root,** que es completamente diferente.

/srv - El directorio /srv contiene los datos de servicios necesarios para llevar a cabo el servidor. Significa 'servicio'. Los archivos contenidos en eldirectorio /srv incluyen ftp,www, etc.

/mnt - El /mnt es para fines de montaje. Se utiliza para montar sistemas de archivos y también significa montaje. Antes de que se pueda realizar el montaje, es necesario estar vacío.

/media: el directorio /media se utiliza para montar dispositivos externos, incluidas unidadesUSB, CD-ROM, etc. Se utiliza para interactuar con medios externos. El /media se introduce en la última versión del sistema operativo Linux y, por lo tanto, no es necesario para el correcto funcionamiento del sistema operativo Linux.

Para comprobar el medio cargado, debe utilizar el siguiente comando.

ls /media

/tmp: el último directorio para el directoriode datos es el directorio /tmp. Es almacenamiento temporal para todos los datos que deben almacenarse. Eldirectorio /tmp se puede crear en la RAM o en el disco duro. Eldirectorio /tmp se vacía automáticamente una vez que se reinicia el sistema. Es por eso que, como usuario, nunca debe utilizar eldirectorio /tmp para almacenar archivos que son importantes para usted.

/usr(Recursos del sistema Unix)

El directorio /usr significa Recursos del sistema Unix. El directorio contiene documentación, archivos binarios y bibliotecas para aplicaciones de usuario. Los archivos dentro del directorio son de solo lectura. El directorio también se conoce como jerarquía secundaria.

Para comprobar los archivos dentro del directorio /usr, utilice el comando ls.

ls /usr

El directorio /usr contiene una gran cantidad de subdirectorios como se muestra a continuación:

- /usr/bin

- /usr/lib

- /usr/local

- /usr/include

- /usr/share

- /usr/src

/usr/bin: contiene todos los comandos binarios no esenciales del usuario. Eso significa que cualquier comando que no se puede encontrar en el directorio /usr se puede encontrar aquí.

/usr/lib: contiene bibliotecas que no son directamente ejecutables de usuario.

/usr/local: contiene los archivos que se instalaron localmente. Por lo tanto, si decide instalar cualquier software en particular, se almacenará aquí.

/usr/include: contiene el archivo de inclusión estándar de C.

/usr/share -   Contiene los datos independientes de la arquitectura compartida

/usr/src -   src significa fuente. Contiene el código fuente del kernel y los archivos de encabezado.

Irectoría variable **D**

El directorio de variables es /var. Como puede adivinar, representa la variable. Los archivos almacenados en el directorio no tienen un tamaño de archivo fijo y siguen cambiando en función de la carga en el sistema. El directorio contiene los archivos durante el funcionamiento normal del sistema. Por ejemplo, almacena la cola de impresión, la memoria caché y el archivo de registro.

Para ver el contenido del directorio /var, utilice el siguiente comando:

   ls /var

Como puede ver, hay un montón de subdirectorios dentro del directorio /var. El subdirectorio principal incluye lo siguiente:

- **/var/cache: almacena los datos de la caché de** la aplicación. Los datos de caché son de naturaleza local y se generan mediante cálculos realizados por una aplicación o simplemente por las operaciones de E/S. La memoria caché es útil cuando se trata de restaurar o regenerar datos. Esto significa que entra en juego si hay alguna forma de pérdida de datos.

- *Ivar/log:* el subdirectorio /var/log contiene archivos de registro. Para ver qué archivos de registro se almacenan, utilice el comando ls.

- *Ivar/lib:* el subdirectorio /var/lib es donde se almacena toda la información importante, incluidas las bases de datos. Las bases de datos están en conexión constante con la aplicación.

- **/var/spool - - El directorio de cola de impresión se utiliza con fines de cola de**impresión. Este es el lugar donde los archivos se ponen en cola para su posterior procesamiento.

Directorios no estándar

El último directorio que vamos a discutir es el directorio no estándar. Aquí están los directorios que no entran en el estándar FHS. Esto incluye los siguientes

- /run

- /cdrom

- /perdido + encontrado

/run: el directorio se ocupa de los datos de la variable en tiempo de ejecución. En palabras simple, incluye los datos en tiempo de ejecución desde el último arranque. Incluye datos como información de demonio. Puede comprobar qué datos se almacenan en el directorio /run utilizando el comando ls como se indica a continuación:

ls /run

/cdrom: el directorio gestiona los dispositivos de cd montados en el CD-ROM. Tradicionalmente, los dispositivos de cd deben cargar aquí, pero ahora FHS tiene un mejor directorio para él, conocido como el /media.

/lost + found: el directorio está destinado a almacenar la información que se produce durante un bloqueo del sistema. El comprobador del sistema de archivos Linux(fsck) es responsable de la recuperación de la pérdida de datos. Los datos una vez recuperados se almacenan en el directorio. Además, la calidad de los datos depende de varios factores y puede que no sea útil en absoluto.

Cosas que aprendimos en este capítulo

- En este capítulo, aprendimos sobre el estándar de jerarquía del sistema de archivos Linux (FHS)

- Cubrimos el comando man hier que le informa sobre la estructura de directorios.

- El directorio raíz(/) está en el núcleo y contiene todos los demás directorios y subdirectorios

- Hay seis tipos diferentes de directorios, incluidos directorios binarios, directorios de configuración, directorios de memoria, directorios de datos, recursos del sistema Unix, directorio var y directorios no estándar

- En el directorio binario, tenemos cuatro subdirectoriosprincipales, /bin, /sbin, /lib, /opt.

- Directorio de configuración, por otro lado, tiene sólo dos directorios principales, es decir, /boot y /etc

- El directorio de memoria contiene tres subdirectorios principales, /dev, /proc y /sys

- Directorio de datos almacena datos del sistema y tienen seis directorios principales, /home, /root, /srv, /media, /mnt, /tmp.

- El directorio usr contiene archivos binarios de aplicaciones de usuario, documentación y bibliotecas.

- El directorio no estándar no cae bajo el FHS y contiene /cdrom, /lost + found, /run directory.

Capítulo 9

Permisos de Archivo y Directorio

Con una comprensión completa de la estructura de jerarquía de archivos (FHS), ahora es el momento de aprender acerca de los permisos de archivo y directorio. El sistema de permisos es una parte esencial de cualquier sistema operativo. Linux es un entorno multiusuario donde diferentes usuarios pueden utilizar una instalación del sistema operativo Linux. Esto significa que los usuarios deben ser capaces de proteger sus archivos y el entorno de otros usuarios. Los permisos permiten a los usuarios hacer justo eso y asegurarse de que el entorno no solo es fácil de usar, sino también seguro.

Como usuario, no desea que otros usuarios modifiquen sus archivos sin su permiso o conocimiento. Además, sin permiso,los piratas informáticos pueden robar información vital o incluso cambiar los archivos del sistema para hacer un mal funcionamiento de la instalación de Linux. Es por eso que, en este capítulo, vamos a aprender sobre el permiso de archivo y directorio de Linux. En general, el sistema de permisos file system es muy fácil e intuitivo.

La idea principal detrás de permissions es leer,escribir yejecutar. En esta configuración, un archivo se puede leer, escribir o ejecutar.

Para asegurarse de que el significado se puede entender fácilmente, se muestra con las siguientes abreviaturas.

- r - lectura: el permiso de lectura permite a los usuarios leer un archivo determinado.

- w - write: El permiso de escritura permite al usuario(s) escribir un archivo determinado.

- x - ejecutar: el permiso de ejecución permite a los usuarios ejecutar el archivo, si se trata de un programa o un script.

Para simplificar los usuarios que realizan las operaciones, también se definen en tres grupos.

- propietario: el propietario es el usuario que tiene control total sobre el archivo. Es la persona que ha creado el archivo en primer lugar. Sin embargo, es posible que no siempre sea así, ya que la propiedad se puede transferir o un archivo puede tener varios propietarios.

- grupo: grupo es el conjunto de propietarios que poseen un archivo. Esto es útil para los archivos que deben compartirse entre los usuarios con fines relacionados con el trabajo o la ejecución.

- otros: los demás son usuarios que no caen en el propietario ni en el grupo. Están separados de los dos conjuntos discutidos anteriormente.

Eso es todo. Esto es todo lo que abarca toda la idea detrás del sistema de permisos,es decir, tres tipos de permisos y tres tipos deusuario. Con los conceptos básicos claros, ahora es el momento de comprobar cómo presentar el permiso funciona en el sistema operativo Linux.

Visualización de permisos

Lo primero que aprenderemos sobre los permisos de archivo es aprender a leerlos. Si lo recuerda, ha utilizado el comando ls para ver el contenido de un directorio. Puede utilizar la opción[-l] para mostrar los permisos asociados a un archivo o directorio.

El comando para ver los permisos incluye lo siguiente:

ls -l [ruta]

La ruta de acceso puede ser una ruta de acceso al archivo o a un directorio.

Veamos un ejemplo para aprender cómo se vería.

ls -l example1.txt

Devolverá la siguiente línea.

-rwxr--r-- 1 nitt nitt 10240 Oct 10 19:47 ejemplo1

Todo el permiso de archivo se almacena dentro de los primeros 10 caracteres de la respuesta. Vamos a repasar los personajes de abajo.

- El carácter 1 se utiliza para mostrar el tipo de archivo. Se denota como - si es un archivo ordinario o un d si es un archivo de directorio.

- El siguiente carácter de tres caracteres se ocupa de los permisos de propietario del archivo. Esto significa que revelan los permisos para el propietario. Las tres líneas del ejemplo anterior se leen como rwx, loque significa que el propietario tiene permiso para leer, escribir y ejecutar el archivo.

- Los tres caracteres siguientes son para permisos de grupo. En la línea anterior, es r-- lo que significa que cualquier usuario dentro del grupo tiene permisos de lectura sobre el archivo.

- Como ustedu might han adivinado, los últimos tres personajes son para otros. Los otros usuarios también pueden leer el archivo, pero no pueden realizar ningún cambio ni ejecutar el archivo.

Cambio de permisos

Ahora que hemos entendido cómo ver los permisos de un archivo, ahora aprendemos a cambiar los permisos cuando es necesario. Puede haber instancias en las que necesite cambiar el permiso de un archivo. El cambio se puede realizar mediante el comando chmod.

comando chmod

El formulario completo del comando chmod está cambiando los bits de modo de archivo. Aquí ayuda a cambiar los bits de modo para cambiar el permiso asociado con el archivo.

chmod [permisos] [ruta]

Cualquier comando chmod tiene tres componentes. Vamos a repasarlos uno por uno.

- Para quién se cambia el permiso: ¿es grupo, usuario u otros? ¿El archivo es para todos?

- ¿Está utilizando chmod para revocar o conceder el permiso? Los dos símbolos que se utilizan para hacer es - y + respectivamente

- ¿Qué permisos desea establecer para el archivo? ¿Es read(r), write(w) o execute(e)?

Para obtener una mejor comprensión, vamos a ver algunos ejemplos.

Permitir el permiso de ejecución de grupos

La mejor manera de mostrar el cambio de permisos es cambiar el permiso de ejecución para un archivo utilizado por un grupo. En primer lugar, necesitamos usar el comando ls -l para ver el permiso actual establecido en el archivo.

ls -l example.txt

-rwxr--r-- 1   nitt   usuarios 10240 Oct 10 19:47 example1.txt

Ahora para cambiar el permiso de escritura de grupo, necesitamos usar el comando chmod.

chmod g+x example1.txt

Ahora, vuelva a leer los permisos del archivo.

ls -l example1.txt

-rwxr-xr--1   nitt   usuarios 10240 Oct 10 19:47 example1.txt

Ahora, eliminaremos el permiso de escritura del usuario. Para ello, utilice el siguiente comando.

chmod u-w example1.txt

ls -l example1.txt

-r-xr-xr--1   nitt   usuarios 10240 Oct 10 19:47 example1.txt

Ahora, puede ver que el permiso de escritura se quita del usuario nitt.

También puede establecer varios permisos para el archivo mediante un único comando.

chmod g+wx example.txt

Este comando funcionará de forma similar a los dos comandos anteriores y le dará la misma salida.

De forma similar, puede cambiar el permiso de cualquier archivo a cualquier tipo de usuario. Todo depende de sus necesidades y lo que desea lograr con él.

Aprender otra forma de establecer permisos: enfoque de abreviatura

El cambio de permisos de archivo es una operación frecuente que va a hacer cuando se trabaja con el sistema operativo Linux. El método que usamos anteriormente no es difícil, pero es engorroso a largo plazo. Es por eso que vamos a pasar por una forma más de cambiar el permiso de archivo.

La versión abreviada le permite cambiar los permisos con números.

Los números se pueden representar de varias maneras. La forma popular de representar un número en el sistema decimal. Aquí los números se representan en simples 0 a 9. Otra forma de representar un número es el sistema base 8, también conocido como el sistema de números octales. El sistema base 8 de 0 -7.

Tenemos tres permisos y podemos activar y desactivar cada tipo de permiso. Esto significa que tenemos 8 combinaciones y el sistema binario 8 funciona muy bien. Los ocho números se pueden representar en los siguientes ocho mapas binarios.

- 0000

- 1001

- 2010

- 3011

- 4100

- 5101

- 6110

- 7111

Los tres tipos de permisos se pueden representar mediante los ocho números. Las combinaciones se pueden hacer usando 0 y 1. Por lo tanto, 1 se puede representar ON mientras que 0 puede representar OFF, podemos usarlo para establecer permisos. Del mismo modo, los tipos de usuarios: grupos, propietarioy otros se pueden representar mediante los tres números. Veamos un ejemplo a continuación para entender.

ls -l example.txt

-rw-r--r-- 1 nitt usuarios 10240 Oct 10 19:47 example1.txt

chmod 751 example.png

-rwxr-x--x 1 nitt usuarios 10240 Oct 10 19:47 example1.txt

Configuración delas misiones Deirectorías

Todo en el sistema operativo Linux es un archivo y la misma configuración de permisos también funciona en los directorios. Pero hay una ligera diferencia. Para entender, veamos la lectura, escritura ejecutar permisobasado en el directorio.

- read(r) - da al usuario la capacidad de leer el contenido del directorio.

- write(w) - da al usuario la capacidad de crear archivos y directorios dentro de dicho directorio.

- execute(x) - da al usuario la capacidad de utilizar el contenido del directorio.

Para entender, tenemos que ir a través del ejemplo siguiente.

es aprender

ejemplo1 ejemplo2 ejemplo3

Ahora, necesitamos aprender cómo cambiar los permisos que lo usan.

chmod 400 aprender

Ahora, compruebe los permisos del archivo dentro del directorio.

ls -ld aprender

-r------- 1 nitt usuarios 3.4K Oct 10 09:30

El permiso anterior da al usuario nitt la capacidad de leer el contenido del directorio. Por lo tanto, si desea pasar al directorio, no podrá hacerlo.

cd aprender

cd: aprender: Permiso denegado

Ahora vamos a dar la capacidad de ejecución al usuario para la carpeta.

chmod 100 aprender

--x------ 1 nitt utiliza 3.4K Oct 10 09:30

cd aprender

Esta vez podrás cambiar y moverte al directorio de aprendizaje.

Sin embargo, si desea leer el contenido del directorio, se le denegará. Vamos a verlo a continuación con un ejemplo.

es aprender

ls: no se puede abrir el directorio learn/: Permiso denegado

De esta manera, puede cambiar rápidamente los permisos mediante el sistema de números binarios 8. Sin embargo, se necesita tiempo para aprender a hacerlo de manera eficiente. Por lo tanto, tener paciencia al aprender este método puede ayudarle a ser eficiente a largo plazo.

Como usuario, puede realizar estos cambios. Sin embargo, si usted es un usuario root o un superusuario, puede realizar cambios en cada archivo en el sistema operativo Linux. Para los usuarios normales, solo los archivos y carpetas del directorio de inicio son accesibles para ellos. El proceso de separación de los usuarios es necesario, y el sistema de permisos les permite hacer justo eso. Está profundamente integrado en Linux y como principiante, es necesario aprender sobre ello profundamente si desea convertirse en un experto en Linux.

La I dea de Basic Security

Cuando se crea un usuario, el usuario obtiene un directorio principal. El directorio de inicio es donde sucede toda la magia. Es personal para un usuario y puede decidir qué hacer con los archivos y directorios dentro del directorio de inicio. Puede permitir que otros usuarios accedan a ellos o mantenerlos privados. La elección de la seguridad básica es completamente sobre el propio usuario y eso es lo que hace linux una gran opción.

Los tres tipos de permisos proporcionan a los usuarios la capacidad de configurar el archivo y el permiso de directorio como deseen.

Cosas que aprendimos en este capítulo

- Linux tiene un permiso muy bien configurado system.

- Le permite establecer archivos y directorios con tres permisos, incluyendo leer,escribir y ejecutar

- También hay tres tipos de usuarios, incluyendo el propietario, el grupo y otros.

- Los archivos y directorios se pueden configurar para leer, escribir, ejecutar o todos, y su acceso se puede dar a cualquiera o todos (propietario, grupo y otros)

- ls -l comando se utiliza para ver los permisos.

- comando chmod se utiliza para cambiar los permisos

- Hay dos maneras en que se puede cambiar el permiso de archivo. El primero se hace usando los símbolos r,w,x. El otro método se basa en el sistema binario de 8números.

Capítulo 10

Introducción a los editores: Nano y Vi

C omo principiante, usted debe aprender acerca de los editores. Los editores son muy útiles cuando se trata de editar archivos o cuando usted está escribiendo scripts (pronto cubriremos scripts en detalle más adelante).

Linux ofrece una amplia variedad de editores de texto. El mayor número de opciones entre los editores de texto sólo significa que se confundirá fácilmente. Es por eso que cubriremos tres editores populares principales, el Nano, Vi y AWK. Cubriremos cómo utilizarlos, sus accesos directos, navegación y cualquier información útil que necesites para sacar el máximo partido a los editores.

Nano

Nano es el primer editor que vamos a discutir. Ya está preinstalado en la mayoría de las distribuciones de Linux. Las distribuciones de Ubuntu Linux también vienen preinstaladas con el nano. Actualmente, viene instalado con una versión 3.2.

Para ejecutar nano, debe escribir nano en el símbolo del sistema. Una vez que lo haga, se abrirá la siguiente ventana.

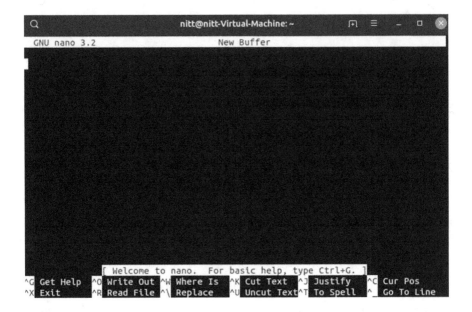

También puede introducir el comando nano seguido de un nombre de archivo para empezar. Si el comando nano recibe el nombre de archivo como entrada, se abrirá para su edición. Además, si el archivo no está presente, creará un nuevo archivo en modo de búfer.

En la parte superior de la ventana, se mostrará el nombre del archivo. Si no hay ningún nombre de archivo, aparecerá como "Nuevo búfer." Después de eso, verá el mensaje bienvenido a nano. Por otra parte, te dirá que puedes usar la ayuda básica escribiendo la combinación de Ctrl y G. A continuación verás todas las líneas de acceso directo que cubren todos los accesos directos importantes para el editor nano.

Nano editor es un editor WYSIWYG que significa que es "lo que ves es lo que obtienes". En términos simples, obtendrá lo que está escribiendo en la pantalla, aparte de los accesos directos, están destinados a proporcionar funcionalidad.

Accesos directos nano

En estos editores, tenemos atajos para hacer todo tipo de trabajo. Por lo tanto, si desea salir o guardar, debe utilizar un acceso directo. Claramente, la forma en que estos editores trabajan le hace ahorrar tiempo y ser eficiente cuando trabaja. Además, los accesos directos se utilizan sin necesidad de utilizar la palabra clave SHIFT.

Para ver todos los accesos directos disponibles, debe presionar CTRL + G. Además, para salir de la lista de accesos directos, es necesario hacer el uso de CTRL + X.

Para guardar el archivo, debe usar CTRL+O. También se conoce como escribir. Si desea copiar o insertar contenido de otro archivo en el archivo en el que está trabajando, debe utilizar el acceso directo CTRL+R.

Además, si desea cancelar un comando, puede hacerlo simplemente presionando la tecla CTRL + C. Para salir del nano editor, debe usar CTRL + X para hacerlo.

Navegación Nano

Nano se puede navegar sin tocar el ratón. Esto puede ser una tarea desalentadora especialmente para principiantes, pero realmente ahorra tiempo. Mejora su productividad mientras codifica o scripting o incluso escribe un archivo de texto simple. Echa un vistazo a las opciones de nano navegación a continuación:

- CTRL + B - mover el cursor hacia atrás

- CTRL + P - mover el cursor una línea hacia arriba

- CTRL + F - mover el cursor hacia adelante

- CTRL +A - tomar el lugar de la llave de inicio

- CTRL +N - mover el cursor hacia abajo

- CTRL +V - mover una página hacia abajo

- CTRL +E : tomar el lugar de la tecla Final

- CTRL + C - le indica dónde está el cursor

- CTRL +Y - mueve la página uno hacia arriba

- CTRL + ESPACIO : una palabra, avance

- ALT + ESPACIO : una palabra se mueve hacia atrás

Cortar, Copiar y Pegar

Por último, debe aprender a cortar, copiar y pegar utilizando el editor nano. No es similar a lo que has estado haciendo en Windows. Por eso es importante aprender. Además, estos comandos son útiles para la interacción manos libres.

Para seleccionar el texto, debe asegurarse de que el cursor está en el texto y, a continuación, presione CTRL + . Ahora se seleccionará todo el texto entre el cursor y la posición inicial.

A partir de ahí, debe utilizar los siguientes accesos directos.

- ALT + ? - Copiar texto

- CTRL + U - Pegar texto

- CTRL + K - Corta texto

También puede eliminar toda la línea mediante el acceso directo CTRL + K. Para ello, no es necesario resaltar la línea. Todo lo que necesita hacer es tener el cursor en la línea mencionada.

Vi Editor

Otro editor popular es el editor Vi. Es un editor de línea de comandos y ofrece un montón de características de fábrica. Si ha utilizado el Bloc de notas, también encontrará algo familiarizado con el editor Vi. Sin embargo, hay una gran diferencia aquí. No puedes usar tu teclado aquí. Todas las operaciones deben realizarse con el teclado, lo que lo convierte en una potencia de productividad.

Hay dos modos de funcionamiento dentro de Vi. El modo entrada/inserción y el modo de edición. En el modo de entrada, se introduce texto en el archivo, mientras que el modo de edición, se realizan otras operaciones, incluidas las operaciones de búsqueda, guardar, etc.

Para empezar, debe escribir el siguiente comando.

vi <nombre de archivo>

Si ya hay un nombre de archivo presente en el directorio, se abrirá dicho archivo. Si no lo hay, entonces creará un nuevo archivo. Además, siempre es una buena idea comenzar vi con un nombre de archivo como argumento. Simplificará el proceso de guardado.

Una vez que entres en Vi, estarás en el modo de edición. Para cambiar al modo Insertar, debe pulsar "i".

Ahora verá que hay una palabra "INSERT" en la parte inferior del editor. Una vez que esté en el modo Insertar, escriba algo como desee. Si desea volver al modo de edición, entonces debe presionar el botón de escape.

Guardar el archivo

Para guardar el archivo o realizar cualquier otra operación que no sea agregar contenido al archivo, debe estar en el modo de edición.

Uno que está en el modo de edición, puede utilizar el siguiente comando para guardar o incluso salir del archivo.

- :q! • Sale del archivo descartando los cambios realizados en el archivo desde la última vez que guardó

- ZZ: guarda el archivo y, a continuación, lo sale.

- :wq - También guarda y sale del archivo

- :w - guardar pero no salir

En los comandos vi anteriores, puede ver que algún comando comienza con: y algunos sin él. Si utiliza el ":", entonces debe presionar Intro para que se registre. Si no lo utiliza, el comando se ejecuta tan pronto como se escribe completamente allí.

Ver archivos

También puede ver archivos utilizando Vi de forma eficaz tanto como puede editarlos. Sin embargo, hay otros comandos que también se pueden utilizar para ver archivos. El comando cat, por ejemplo, se puede utilizar para ver archivos. Es fácil de usar y ofrece una buena funcionalidad. Ya lo hemos cubierto. También puede utilizar menos comando para hacerlo.

Navegación

La navegación en el editor vi es extensa. Para hacer la navegación, siempre debe estar en modo de edición.

A continuación se muestran los comandos de navegación vi que debe conocer.

- k • mover el cursor hacia arriba

- j - mover el cursor hacia abajo

- h • Mover el cursor a la derecha

- l • Mover el cursor a la izquierda

- • Mover el cursor al inicio de la línea

- $ - mover el cursor al final de la línea

- G - pasar a la línea final del texto

- nG- pasar a la línea de su especificación, aquí G - número. Así que si mencionas G-6, muévete a la sexta línea.

- nw - mover al número de palabras mencionadas, aquí n número. Por lo tanto, si mencionas n .5, muévete a la 5a palabra.

- w - pasar a la siguiente palabra de inicio

- nb , volver a la enésima palabra, aquí n número. Por lo tanto, si mencionas n 4, vuelve a la 4a palabra

- b - Volver a la última palabra

- • Retroceder un párrafo

- • Ir hacia adelante un párrafo

Deshacer

El comando deshacer del editor vi es el siguiente:

- u le permite deshacer la acción anterior. El comando es repetible y le permitirá deshacer sus acciones anteriores

- U - Deshacer cambios en la línea en particular en la que se encuentra actualmente.

Eliminar contenido

La última sección de comandos que vamos a enumerar para el editor vi es el comando delete.

- x - elimina un carácter

- dd - eliminar la línea en el cursor

Cosas que aprendimos en este capítulo

- Aprendimos sobre dos editores Nano y Vi.

- Ambos ofrecen un montón de características

- Nano es un editor WYSIWYG.

- Vi es muy popular entre los programadores

Capítulo 11

Comandos de redes Linux

En este capítulo, vamos a buscar en los comandos de red que Linux tiene para ofrecer.

Las redes se crean cuando uno o más equipos están conectados entre sí. Una red puede ser interna y externa dependiendo de lo que intenta apuntar. Muchas empresas tienen sus redes internas para gestionar sus procesos de trabajo. Las redes requieren un mantenimiento constante si quieren trabajar de forma óptima. Aquí es también donde entran los administradores de red. Se encargan de gestionar la red y resolver cualquier problema que pueda surgir en cualquier momento.

Sin embargo, vamos a cubrir algunos comandos de red básicos que le ayudarán a entender el alcance del sistema operativo Linux. Además, los administradores de red también necesitan configurar la red. Vamos a repasar los comandos uno por uno.

Ifconfig

ifconfig significa configurador de interfaz. Es ampliamente utilizado por los administradores de red debido a la utilidad que tiene que proporcionar. Con la ayuda de ipconfig,puede asignar una dirección IP, deshabilitar o habilitar una interfaz e inicializar la interfaz. También se utiliza para mostrar la interfaz de red y la ruta de visualización.

La información que se muestra a través del ipconfig es la dirección MAC, la dirección IP y la unidad máxima de transmisión (MTU).

La sintaxis del comando ipconfig es la siguiente.

Ifconfig

En su distribución Ubuntu Linux, ipconfig no viene instalado, para instalarlo es necesario escribir el siguiente comando

sudo apt instalar ipmiutil

Haz más con ipconfig

Puede hacer más con ipconfig. Ofrece opciones que incluyen etho,lo y wlan0. Esto significa que si usted quiere aprender sobre el Ethernet, después utilice el eth0.

Los comandos son los siguientes.

- ifconfig eth0

- ifconfig lo

- ifconfig wlan0

Asignación de puerta de enlace y dirección IP

Con ifconfig, también puede asignar una dirección IP y la puerta de enlace. Para ello, debe utilizar el comando ifconfig eth0. Además, para que la configuración se aplique, debe reiniciar el equipo.

La sintaxis del comando es la siguiente:

ifconfig eth0 <ipaddress> máscara de red <address>

Para habilitar la interfaz específica, debe utilizar los siguientes comandos.

ifup eth0

ifdown etho

Ajuste del tamaño de la MTU

Si desea cambiar el tamaño de MTU, puede hacerlo con el siguiente comando:

ifconfig eth0 mtu xxxx

En el comando anterior, debe reemplazar xxx con el tamaño.

Comando ip de Linux

El comando ifconfig que usamos es antiguo. Usted puede también utilizar el nuevo comando IP como abajo.

La sintaxis es la siguiente:

Ip

También puede utilizar el comando.

ip addr

Del mismo modo, usted puede también utilizar los config IP con la opción incluyendo eth0, lo y wlan0.

Traceroute

Otro comando útil que usted puede utilizar es el comando traceroute. Ayuda al administrador de red a averiguar cualquier problema con la red. Es una utilidad de solución de problemas. Determina el paquete viajado y los saltos que se requieren para alcanzar un destino.

Al igual que el comando ifconfig, si la instalación no tiene traceroute, entonces debe instalarla. Puede instalarlo mediante el siguiente comando.

sudo apt-get instalar inetutils-traceroute

Una vez instalado, usted necesita utilizar el comando traceroute seguido por el destino para que funcione.

La sintaxis es la siguiente.

traceroute <destination>

Rastreemos google.com.

google.com de traceroute

```
nitt@nitt-Virtual-Machine:~$ traceroute google.com
traceroute to google.com (172.217.26.174), 64 hops max
  1   192.168.110.225  0.283ms  0.200ms  0.073ms
  2   192.168.0.1  0.375ms  0.404ms  0.370ms
  3   172.19.140.1  1.175ms  1.478ms  0.560ms
  4   172.30.5.242  2.119ms  2.038ms  1.738ms
  5   172.30.6.245  1.834ms  1.585ms  1.667ms
  6   172.30.5.210  3.198ms  3.303ms  3.546ms
  7   172.30.6.41  1.972ms  1.605ms  2.821ms
  8   10.241.1.6  2.247ms  2.220ms  1.669ms
  9   10.240.254.130  1.034ms  1.000ms  0.871ms
 10   10.240.254.1  2.444ms  1.755ms  1.676ms
 11   10.241.1.1  1.690ms  1.984ms  2.098ms
 12   172.30.1.57  1.561ms  1.508ms  1.731ms
 13   113.21.64.1  2.208ms  172.30.5.33  0.900ms  0.742ms
 14   223.223.158.197  43.537ms  113.21.64.1  2.108ms  1.368ms
 15   108.170.253.97  44.328ms  223.223.158.197  42.850ms  43.263ms
 16   209.85.243.49  44.084ms  108.170.253.97  43.990ms  44.089ms
 17   172.217.26.174  43.715ms  74.125.253.65  43.187ms  43.729ms
nitt@nitt-Virtual-Machine:~$ 
```

Tracepath Command

Para ejecutar el comando traceroute, necesita los privilegios raíz. Sin embargo, hay otro comando similar que no requiere el privilegio raíz. El comando viene preinstalado en la mayor parte de la instalación de Linux. Si no está instalado, entonces usted necesita instalarlo.

Entonces, ¿qué hace el comando tracepath? Le permite rastrear la ruta de acceso a un destino determinado. El comando notifica los saltos dentro de la ruta de acceso. El comando es muy útil al encontrar debilidades de red.

La sintaxis del comando es:

tracepath <destination>

Puede volver a intentar ejecutar el comando tracepath con google.com como argumento.

Comando Ping

Linux también ofrece un comando ping. El formulario completo del comando ping es el Packet Internet Groper. Un bocado, pero entiendes la idea. El comando es útil cuando se trata de comprobar los problemas de conectividad entre dos nodos. Le permite saber si el servidor es accesible o no.

El comando ping se puede utilizar como se muestra a continuación.

ping <ipaddress>

Además, el comando ping continuará mostrando la salida hasta que la detenga presionando CTRL + C.

comando netstat

Las estadísticas de red se pueden aprender del comando netstat. Por lo tanto, si usted quiere aprender sobre las diversas interfaces dentro de la red, usted puede utilizar el comando a su beneficio. Muestra información sobre tablas de enrutamiento, sockets y otra información de conexión importante.

Para ejecutar el tipo de comando netstat en la línea de comandos.

Netstat

La salida puede ser lo suficientemente grande como para no encajar dentro de la misma ventana. Es por eso que se puede utilizar junto con el . y menos o más comando.

netstat - más

netstat - menos

netstat también viene con opciones que incluyen las siguientes

- netstat -p - Los programas de socket abierto se muestran mediante el comando.

- netstat -s - Toda la información de los puertos se muestra con estadísticas detalladas

- netstat -r - La información de la tabla de enrutamiento se muestra mediante el comando.

comando hostname

El equipo también tiene un nombre de host asociado. Se utiliza para identificar el equipo cuando se trata de interactuar con la intranet. Puede averiguar el nombre de host de su máquina simplemente escribiendo el comando hostname.

Host

>> nitt-Virtual-Machine

Estoy usando una máquina virtual para que se muestre como tal. Su nombre de host será diferente. Además, el nombre de host es diferente de todos los demás en la red. La primera palabra del nombre de host es el host real, mientras que el resto del nombre de dominio en el que se ha hospedado el host.

Comprobación de Network Interface Settings

Para comprobar la configuración de la interfaz de red, debe utilizar el comando ethtool. La sintaxis del comando es la siguiente:

ethtool eth0

Si la herramienta no está instalada, debe instalarla con el siguiente comando.

sudo apt instalar ethtool

dig comando

El comando dig es un gran comando cuando se trata de interrogar servidores de nombres DNS. El comando le permite hacer búsquedas DNS que pueden ser útiles para aprender sobre el ruteo y ayudarle a configurar la red en consecuencia.

comando telnet

telnet le permite conectarse a un destino con el protocolo telnet. Mediante el comando, puede conectar dos hosts y hacer que funcionen juntos.

telenet <address>

Comando Nmap

el comando nmap es útil para comprobar los puertos abiertos en el servidor.

nmap <server_name>

Cosas que aprendimos en este capítulo

- Los comandos de red son utilizados por los administradores de red

- ifconfig se utiliza para aprender sobre la interfaz de red o una dirección IP

- comando ip se utiliza de forma similar a ifconfig y generalmente viene preinstalado con el sistema operativo Linux.

- Traceroute se utiliza para rastrear la ruta de los paquetes a un destino

- Tracepath es similar a Traceroute y no necesita privilegios raíz

- Mediante el comando ping, puede hacer ping al servidor. Tienes que detenerlo.

Capítulo 12

Personalización del Medio Ambiente

L a personalización del entorno es una de las mayores características del sistema operativo Linux. También toma mucho tiempo ya que los usuarios siempre quieren jugar con el sistema operativo. También la principal potencia del sistema operativo Linux es la personalización en sí. Puede cambiar el sistema operativo de acuerdo con sus necesidades, incluida la forma en que se abren, guardan o compilan los archivos. Además, para una experiencia agradable, debe personalizar y configurar el entorno correctamente. El hecho de que usted puede personalizar los comandos le da un montón de opciones.

Los cuatro comandos que son importantes saber antes de que podamos avanzar incluyen los siguientes

- printenv - se utiliza para mostrar parcial o todas las variables de entorno

- set - se utiliza para establecer opciones de shell

- exportación - se utiliza para exportar variables de entorno a programas

- alias: se utiliza para crear un alias de comando

Ubicación de los archivos de entorno

Los archivos de configuración se cargan primero cuando se inicia el sistema, después de cargar el shell bash. Hay archivos de inicio para las sesiones de shell de inicio de sesión. Necesitamos aprender sobre ellos mientras contienen el archivo de configuración ambiental.

- /etc/profile: script de configuración global para todos los usuarios

- ./.bash_profile - El archivo de inicio propio de los usuarios que anula la configuración global

- ./.bash_login - Es un script de copia de seguridad si no se encuentra el archivo .bash_profile. El sistema intenta leerlo en su lugar.

- •/.profile: este es el último archivo de copia de seguridad si no se encuentran bash_login los bash_profile de los bash_profile.

Variables ambientales

Para entender la personalización, necesitamos ir a través de las variables ambientales.

Las aplicaciones utilizan variables ambientales y son objetos que se utilizan más de una vez. En palabras simples, son variables simples que contienen el valor utilizado por el entorno que está trabajando.

Mediante el uso de las variables de entorno, puede establecer la ubicación del archivo, la elección del editor y otros ajustes importantes. Como se dijo anteriormente, puede personalizar su entorno de acuerdo a sus necesidades.

Este capítulo trata las variables ambientales y le ayuda a entenderlas. Pueden parecer un poco complejo al principio, pero si te quedas alrededor de usted lo dominará en ningún momento.

Utilidades

El paquete Coreutil es el núcleo de los programas env e printenv. Para obtener información sobre las variables de medio ambiente actuales, debe utilizar los 2 días más que el comando printenv. Hagámoslo abajo.

    $ printenv

Devolverá mucha información. Si desea ir a través de los datos lentamente, es posible que desee utilizar una tubería y menos o más comando juntos.

    $ printenv á menos

    $ printenv á más

```
GNOME_TERMINAL_SCREEN=/org/gnome/Terminal/screen/06600ee1_a9f1_4866_a49f_70fceb
2c523
CLUTTER_IM_MODULE=xim
LESSCLOSE=/bin/lesspipe %s %s
XDG_SESSION_CLASS=user
TERM=xterm-256color
LESSOPEN=| /bin/lesspipe %s
USER=nitt
GNOME_TERMINAL_SERVICE=:1.80
XRDP_SESSION=1
DISPLAY=:10.0
XRDP_PULSE_SINK_SOCKET=xrdp_chansrv_audio_out_socket_10
SHLVL=1
QT_IM_MODULE=xim
DESKTOP_AUTOSTART_ID=10965dceecb97235c2157177826871032500000015570007
XDG_SESSION_ID=c3
XDG_RUNTIME_DIR=/run/user/1000
XDG_DATA_DIRS=/usr/share/gnome:/usr/local/share:/usr/share:/var/lib/snapd/deskt
p
PATH=/sbin:/bin:/usr/bin:/usr/local/bin:/snap/bin
DBUS_SESSION_BUS_ADDRESS=unix:path=/run/user/1000/bus
UID=1000
 =/bin/printenv
nitt@nitt-Virtual-Machine:~$
```

Hay una utilidad más llamada env que se utiliza para editar las variables ambientales. Es muy útil, y es muy fácil de usar. Por lo tanto, si desea cambiar el editor de vim a xterm, puede hacerlo ejecutando el siguiente comando. Además, tenga en cuenta que cambiar la variable no afectará al valor de la variable global y otros usuarios tendrán su editor establecido en vim.

$ env EDITOR - vim xterm

Las variables de entorno también son utilizadas por el proceso para almacenar sus propios entornos en un archivo. Se conoce como /proc/$PID/environ.

Variables de aprendizaje

Las variables son clave para un entorno personalizable. Hay dos tipos de variables de shell: local y entorno. Las variables locales están restringidas en el ámbito, mientras que las variables de área de trabajo incluyen PATH, SHELL y HOME.

Un ejemplo de una variable local es DOWNLOAD. Define el lugar predeterminado donde se descargan los nuevos archivos. Además, como es una variable local, no está disponible para el proceso secundario.

Para averiguar el valor de la variable, debe simplemente escribir el nombre de la variable precedido por el símbolo $.

echo xdg-user-dir DESCARGAR

Volverá /home/nitt/download

Para comprobar el nombre de usuario, debe comprobar la variable $USER.

$ $USER de eco

nitt

También puede comprobar el valor SHELL para saber qué tipo de shell está utilizando.

$ $SHELL eco

Como habrás notado, las variables ambientales son UPPERCASE. También puede definir un valor ambiental en minúsculas, pero es mejor seguir la convención para facilitar la accesibilidad y el esfuerzo.

Proceso de padres e hijos

También necesita aprender sobre el proceso de padres e hijos. Cuando se ejecuta una interfaz de línea de comandos, se ejecuta un proceso primario. El shell, en este caso, es el proceso primario. El proceso secundario son los comandos que se ejecutan en la interfaz de línea de comandos y, por lo tanto, se heredan del propio shell. Si recuerda, ya mencionamos que todos los comandos están presentes dentro del propio shell. Si utiliza un shell diferente, va a tener un conjunto diferente de comandos. Es por eso que antes de empezar, compruebe dos veces el tipo de shell que va a utilizar.

El comando env que usamos genera un proceso secundario. Esto también significa que muestra las variables en el entorno actual. Si desea ver todas las variables en el shell, debe utilizar el comando set.

Definición de una variable

Como usuario, debe aprender a definir una variable. Antes de definir una variable, necesitamos aprender sobre las variables globales. En el caso de las distribuciones de Linux, las definiciones de variables se agregan en /etc/profile. También se puede almacenar en alguna otra ubicación.

Antes de continuar, también necesita que alguna configuración sea específica del paquete. No importa qué script de shell esté utilizando; se puede encontrar la variable ambiental. Pero, usted debe saber que las variables también pueden ser de aplicación o archivo-específico.

Los archivos que se utilizan para definir la variable (entorno global) son los siguientes:

- /etc/profile

- /etc/environment

- Cualquier archivo de configuración específico del shell

Adición de directorio s/bin a PATH

La mejor manera de aprender es hacerlo. Es por eso que vamos a agregar un directorio de la variable PATH a la variable PATH para un usuario en particular. Las siguientes líneas deben agregarse al archivo de configuración. La elección de la variable de medio ambiente incluye /etc/bash.bashrc o /etc/profile.

si [[$UID -ge 1000 && -d $HOME/bin &&-z $(echo $PATH ágrep-0 $HOME/bin)]]

Entonces

PATH de exportación : "$-PATH-:$HOME/bin"

Fi

El código anterior es fácil de entender. En primer lugar, comprobamos si el valor de ID de usuario es mayor o igual a 1000 o no. Si es así, añadimos el archivo ./bin a la RUTA. También comprueba otras dos condiciones.

Aprendizaje de variables ambientales comunes

Hay muchas variables ambientales comunes que usted debe saber. Al aprender acerca de ellos y su comportamiento, puede controlar el comportamiento del sistema. Estas variables comunes determinan cómo funcionará y se comportará el entorno. Es por eso que tienes que tener cuidado cuando se trata de configurarlo.

Ruta de búsqueda de comandos (PATH)

PATH contiene la ruta de acceso a los comandos ejecutables. Es el hogar de la lista de directorios para ejecutables. Para conocer el valor de ruta de acceso actual, puede escribir el comando env. También puede aprender cómo el valor PATH imprimiendo la variable $PATH.

eco $PATH

En el caso de la instalación de Ubuntu, devuelve el siguiente valor

/sbin:/bin:/usr/bin:/usr/local/bin:/snap/bin

El valor de la variable $PATH depende del shell que esté utilizando.

Estamos usando bash shell y si desea confirmar puede imprimir la variable $SHELL.

Entorno de escritorio

También puede cambiar el entorno de escritorio. El xdg-open utiliza cualquier DE específico para abrir aplicaciones dearchivos. De esta manera, todo el proceso es fácil de usar. Los valores de las variables DE pueden ser kde, xfce, lxde, matey gnmore

Sesión de escritorio

Si utiliza un entorno LXDE, debe utilizar DESKTOP_SESSION en lugar de la variable DE.

Casa

La variable HOME es la ubicación de inicio del directorio del usuario que ha iniciado sesión. Por lo tanto, si usted es un usuario, entonces se le definirá como un directorio de inicio. Aquí es donde entra en la variable $HOME. El directorio de inicio es muy crucial para las operaciones de Linux, ya que es utilizado por varias aplicaciones para funcionar correctamente. Las aplicaciones utilizan el directorio principal para almacenar o recuperar sus archivos de configuración.

> $HOME de eco

> /home/nitt

Pwd

PWD significa directorio de trabajo actual. Es el directorio en el que el usuario se encuentra actualmente. Por lo tanto, si se encuentra en el directorio principal, el valor PWD será igual al de la variable $HOME. Además, si cambia el directorio de trabajo mediante el comando cd, el valor de PWD cambiará. Al igual que la variable HOME, la variable PWD es utilizada por diferentes aplicaciones.

$PWD eco

OLDPWD

OLDPWD contiene el valor del directorio de trabajo anterior. Puede comprobar el valor escribiendo el siguiente

$OLDPWD de eco

Esta variable de entorno es muy útil, ya que es posible que desee saber cuál era el directorio antiguo que estaba trabajando en caso de que necesite volver a él.

Correo

Aquí es donde se almacena la ubicación predeterminada del correo. Los nuevoscorreos electrónicos entrantes se almacenan en la ubicación. La ubicación se establece generalmente en el /var/spool/mail/$LOGNAME

MAILCHECK

Hay una variable ambiental que se utiliza para determinar con qué frecuencia el shell comprobará la llegada del nuevo correo. De forma predeterminada, se establece en 60. Eso significa que comprueba si hay correo nuevo cada 60 segundos. También puede cambiarlo a cualquier valor para establecer el ajuste. Pero, se recomienda establecerlo así.

$MAILCHECK de eco

60

Cáscara

La variable SHELL contiene el shell preferido del usuario. Para nosotros, debe ser bash como estamos utilizando Ubuntu.

$SHELL eco

/bin/bash

Buscapersonas

La variable de entorno PAGER almacena el comando necesario para ejecutar un programa que enumera el contenido del archivo.

$PAGER eco

Editor

Tener su propia elección de editor es importante cuando se trata de la experiencia del usuario. Ahí es donde entra en acción la variable ambiental EDITOR. En general, puede utilizar nano para realizar ligeros cambios en un archivo. También puede optar por utilizar gedit o vi si está buscando un editor avanzado.

Explorador

A través de esta variable de medio ambiente, puede establecer el navegador web predeterminado. El PATH conduce al navegador. El navegador web se puede modificar en función del entorno gráfico disponible. Compruebe el código siguiente para aprender cómo se hace.

si [-n "$DISPLAY"]; Entonces

exportar BROWSER - cromo

Más

exportar los enlaces de BROWSER -

Fi

En el comando if anterior, puedes elegir Chrome como el navegador predeterminado. Pero, si la pantalla gráfica no está disponible, se abrirá en enlaces.

Además, también puede establecer el http_proxy y el ftp_proxy. El valor predeterminado de ambos el valor es el siguiente:

ftp_proxy "ftp://192.168.0.1:21"

http_proxy "http://192.168.0.1:80"

INFODIR

El INFODIR contiene la ubicación de las páginas de información. Contiene una lista de directorios. Los directorios están separados por comas.

Manpath

MANPATH contiene la ubicación de las páginas de comando man. También contiene una lista de directorios separados por comas.

Tz

TZ se utiliza para establecer la zona horaria. Generalmente, la distribución de Ubuntu ofrece cambiar la zona horaria utilizando una interfaz gráfica, pero también se puede actualizar utilizando la variable de entorno TZ.

Lang

La variable LANG contiene el juego de caracteres y el orden de idioma.

Término

Aquí es donde se define el tipo de terminal. Linux ofrece una variedad de terminales,y puede cambiarlo usando esto. También define los protocolos que los terminales van a utilizar.

Usuario

Almacena su nombre de usuario.

Cosas que aprendimos en este capítulo

- Aprendimos a personalizar el entorno

- Puede comprobar las variables de entorno actuales mediante el comando printenv

- El comando set se utiliza para establecer opciones de shell

- El comando export se utiliza para exportar variables de entorno a programas

- Algunas de las variables importantes incluyen HOME, PWD, OLDPWD, MAIL y así sucesivamente.

Capítulo 13

Procesos

Nuestro siguiente capítulo trata de los procesos. Linux es un sistema operativo moderno. Esto significa que puede ejecutar varios programas al mismo tiempo. El sistema operativo crea la ilusión de manejar más de una aplicación. Kernel trabaja en segundo plano para administrar el proceso. Simplemente organiza la CPU y les asigna tiempo y potencia de procesamiento uno por uno.

Cómo un Process Works

Cuando se inicia un sistema, el kernel inicia su propio proceso. También inicia un programa conocido como init. El programa init contiene una serie de scripts de shell que se ejecutan tan pronto como se inicia init. Así es como se inician todos los servicios del sistema. Los servicios que se ejecutan en segundo plano se conocen como proceso daemon, ya que simplemente se ejecutan en segundo plano. Estos programas no necesitan ninguna interfaz, así.

La idea de iniciar procesos se conoce como creación de procesos padre-hijo. El proceso que iniciaotro proceso se conoce como el proceso principal, mientras que el proceso recién creado se conoce como el proceso secundario.

Cada proceso tiene su propia información asociada. Cada proceso tiene su propio ID de proceso, que es único en la naturaleza. También se conoce como PID. El núcleo es lo suficientemente inteligente como para marcarlos en orden ascendente para que sepa qué proceso llegó a la vida antes. El kernel también captura otra información importante sobre el proceso, incluida la memoria que están consumiendo.

Proceso de visualización

Para ver un proceso, debe utilizar el comando ps. Es el comando más usado que existe. También viene con un montón de opciones que vamos a discutir a continuación.

```
Para ver el proceso:
$ ps
PID    TTY    TIME         CMD
2345   pts/1  00:00:00     bash
```

Como puede ver, el comando ps devuelve el PID, seguido por el terminal en el que se está ejecutando, el tiempo durante el cual el proceso está comiendo la CPU y, finalmente, el tipo de shell de línea de comandos, que es en este caso, bash.

El comando ps no te da mucha información. Pero, si quieres saber más sobre él, necesitas usar la opción -x.

ps x

```
Q                        nitt@nitt-Virtual-Machine: ~        ⊞   ≡   _   □   ✕

nitt@nitt-Virtual-Machine:~$ ps x
 PID TTY      STAT   TIME COMMAND
1741 ?        Ss     0:00 /lib/systemd/systemd --user
1742 ?        S      0:00 (sd-pam)
1754 ?        Sl     0:00 /usr/lib/gnome-session/gnome-session-binary
1755 ?        Sl     0:00 /usr/lib/xorg/Xorg :10 -auth .Xauthority -config xrdp
1771 ?        Sl     0:00 /usr/sbin/xrdp-chansrv
1835 ?        Ss     0:00 /usr/bin/dbus-daemon --session --address=systemd: --n
1857 ?        Ss     0:00 /usr/bin/ssh-agent /usr/bin/im-launch x-session-manag
1867 ?        Ssl    0:00 /usr/lib/at-spi2-core/at-spi-bus-launcher
1872 ?        S      0:00 /usr/bin/dbus-daemon --config-file=/usr/share/default
1874 ?        Sl     0:00 /usr/lib/at-spi2-core/at-spi2-registryd --use-gnome-s
1906 ?        SLl    0:00 /usr/bin/gnome-keyring-daemon --start --components=pk
1914 ?        Sl     0:04 /usr/bin/gnome-shell
1928 ?        Ssl    0:00 /usr/lib/gvfs/gvfsd
1933 ?        Sl     0:00 /usr/lib/gvfs/gvfsd-fuse /run/user/1000/gvfs -f -o bi
1948 ?        Sl     0:00 ibus-daemon --xim --panel disable
1952 ?        Sl     0:00 /usr/lib/ibus/ibus-dconf
1953 ?        Sl     0:00 /usr/lib/ibus/ibus-extension-gtk3
1955 ?        Sl     0:00 /usr/lib/ibus/ibus-x11 --kill-daemon
1958 ?        Sl     0:00 /usr/lib/ibus/ibus-portal
1970 ?        Ssl    0:00 /usr/libexec/xdg-permission-store
```

Muestra todo lo que el comando ps muestra más la información STAT y COMMAND. Esto reemplaza la funcionalidad del comando ps y enumera todo el proceso independientemente del usuario. La columna STAT significa el estado del proceso. Puede ser en cualquiera de los estados mencionados a continuación:

- R - Estado de ejecución

- S - Dormir

- D - Ininterrumpible

- T - Detenido

- Z - Proceso zombi

- < - Alto proceso

- N - Un proceso de baja prioridad

Si desea más información, también puede utilizar la opción auxiliar.

ps aux

```
Q                    nitt@nitt-Virtual-Machine: ~        [+]  ≡   –   □

nitt@nitt-Virtual-Machine:~$ ps aux
USER       PID %CPU %MEM    VSZ    RSS TTY      STAT START   TIME COMMAND
root         1  0.4  0.1 165068  10436 ?        Ss   23:25   0:01 /sbin/init sp
root         2  0.0  0.0      0      0 ?        S    23:25   0:00 [kthreadd]
root         3  0.0  0.0      0      0 ?        I<   23:25   0:00 [rcu_gp]
root         4  0.0  0.0      0      0 ?        I<   23:25   0:00 [rcu_par_gp]
root         6  0.0  0.0      0      0 ?        I<   23:25   0:00 [kworker/0:0H
root         7  0.0  0.0      0      0 ?        I    23:25   0:00 [kworker/u16:
root         8  0.0  0.0      0      0 ?        I<   23:25   0:00 [mm_percpu_wq
root         9  0.0  0.0      0      0 ?        S    23:25   0:00 [ksoftirqd/0]
root        10  0.0  0.0      0      0 ?        I    23:25   0:00 [rcu_sched]
root        11  0.0  0.0      0      0 ?        S    23:25   0:00 [migration/0]
root        12  0.0  0.0      0      0 ?        S    23:25   0:00 [idle_inject/
root        13  0.0  0.0      0      0 ?        I    23:25   0:00 [kworker/0:1-
root        14  0.0  0.0      0      0 ?        S    23:25   0:00 [cpuhp/0]
root        15  0.0  0.0      0      0 ?        S    23:25   0:00 [cpuhp/1]
root        16  0.0  0.0      0      0 ?        S    23:25   0:00 [idle_inject/
root        17  0.0  0.0      0      0 ?        S    23:25   0:00 [migration/1]
root        18  0.0  0.0      0      0 ?        S    23:25   0:00 [ksoftirqd/1]
```

Como se puede ver opción auxiliar ofrecen toneladas de más información. Tiene nuevas columnas incluyendo USER, %CPU, %MEM, VSZ, RSS y START.

- USUARIO - indica qué usuario es el propietario del proceso

- %CPU: el uso de la CPU se muestra en porcentaje.

- %MEM - El uso de memoria se muestra en porcentaje

- VSZ - Tamaño de la memoria virtual

- RSS - Cantidad de memoria física utilizada en kilobytes por proceso

- START: muestra la hora a la que se inicia el proceso.

Comando Superior

Si desea actualizaciones en tiempo real sobre los procesos, puede probar el comando superior. Actualiza la información sobre el proceso cada 3 segundos. El proceso, por otro lado, se muestra según la actividad del sistema. Cuanto más activo sea un proceso, más alto se mostrará. Además, también verá un resumen del sistema en la parte superior que luego es seguido por la lista de procesos.

```
Q                    nitt@nitt-Virtual-Machine: ~        [+] ≡  _  □  ⊗

op - 23:43:18 up 17 min,  0 users,  load average: 0.04, 0.11, 0.09
asks: 261 total,   1 running, 260 sleeping,   0 stopped,   0 zombie
Cpu(s):  4.8 us,  0.4 sy,  0.4 ni, 94.4 id,  0.0 wa,  0.0 hi,  0.1 si,  0.0 st
iB Mem :  6428.7 total,   4661.5 free,   1164.6 used,    602.6 buff/cache
iB Swap:  1024.0 total,   1024.0 free,      0.0 used,   5160.2 avail Mem

  PID USER      PR  NI    VIRT    RES    SHR S  %CPU  %MEM     TIME+ COMMAND
 1914 nitt      20   0 3571108 293456 105824 S  30.9   4.5   0:17.32 gnome-she+
 1755 nitt      20   0  795584  56164  36664 S   5.0   0.9   0:03.65 Xorg
 1307 xrdp      20   0  106392  18624   4728 S   4.0   0.3   0:02.34 xrdp
 2658 nitt      39  19 1289832  32144  21876 S   3.3   0.5   0:00.10 tracker-e+
  391 root      19  -1   49908  16612  14852 S   0.3   0.3   0:00.50 systemd-j+
  782 root      20   0 2176480  28220  12948 S   0.3   0.4   0:03.42 snapd
  891 root      20   0 1426400  17720  10384 S   0.3   0.3   0:01.89 snap
 1835 nitt      20   0    8156   5500   3940 S   0.3   0.1   0:00.38 dbus-daem+
 2057 nitt      20   0 1179304  27544  20128 S   0.3   0.4   0:00.15 gsd-media+
 2082 nitt      20   0  284868  24900  18192 S   0.3   0.4   0:00.13 gsd-xsett+
 2323 nitt      20   0  975520  44036  32976 S   0.3   0.7   0:00.59 gnome-ter+
 2651 nitt      20   0   11900   3880   3200 R   0.3   0.1   0:00.01 top
    1 root      20   0  165068  10436   7732 S   0.0   0.2   0:02.10 systemd
    2 root      20   0       0      0      0 S   0.0   0.0   0:00.00 kthreadd
    3 root       0 -20       0      0      0 I   0.0   0.0   0:00.00 rcu_gp
    4 root       0 -20       0      0      0 I   0.0   0.0   0:00.00 rcu_par_gp
    6 root       0 -20       0      0      0 I   0.0   0.0   0:00.00 kworker/0+
```

Como los procesos se actualizan cada tres segundos, también los verá cambiar de acuerdo con su actividad de CPU. Para detener el comando, debe presionar CTRL + Z.

Gestión y Controlling Process

Ahora que hemos entendido cómo ver los procesos, ahora es el momento de controlar los procesos. Para entender los comandos, vamos a utilizar el programa xlogo. Viene pre-equipado con el sistema de ventanas X. Entonces, ¿qué es el programa xlogo? Es un programa sencillo que tiene un símbolo X en una ventana redimensionable.

Para ver el programa, escribamos xlogo en la línea de comandos.

$ xlogo

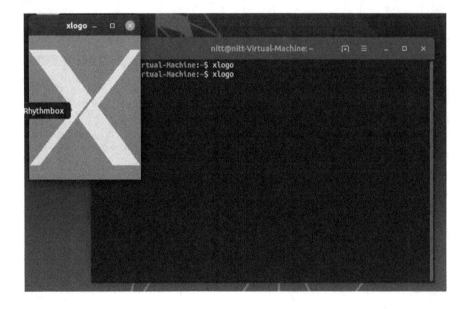

Si ve una advertencia al ejecutar el comando, ignore el mensaje y continúe. También puede utilizar otros programas incorporados, como kwrite o gedit.

Para desactivar la ventana, debe usar el acceso directo CTRL + C. También puede cerrarlo haciendo clic en el símbolo de cierre X en la sección superior derecha de la ventana. Así es como se interrumpe el proceso. Para un proceso que no tiene ninguna forma gráfica de interrumpir o salir del proceso, debe usar CTRL + C

Proceso de antecedentes

También puede poner un proceso en segundo plano. Esto es muy útil cuando usted quiere conseguir el acceso al prompt del shell y no terminar el proceso, después usted puede poner el proceso en el fondo y conseguir el acceso al shell.

Hay dos términos importantes que aprender aquí: primer plano y fondo. Si ponemos el xlogo en el fondo, podemos decir shell está en primer plano. El proceso que se ejecuta en segundo plano está oculto y utiliza una CPU y memoria mínimas.

Si desea iniciar un programa y desea mantenerlo en segundo plano de inmediato, puede utilizar el carácter & junto con el proceso para moverlo al fondo. Hagámoslo con el proceso xlogo.

xlogo &

Esto pondrá el proceso xlogo en segundo plano. También generará el valor PID para el proceso. Puede comprobar los procesos en ejecución mediante el comando ps y debe aparecer allí.

Si se pone algún proceso en segundo plano, también se agrega a la instalación de control de trabajos. Para comprobar si el proceso se agrega a la lista de trabajos, puede utilizar el comando jobs. El comando jobs debe mostrar el proceso en estado de ejecución.

$ jobs[1]+ Ejecución de
xlogo &

Conseguir que el proceso vuelva al primer plano

Si desea devolver el proceso que ejecuta el fondo al primer plano, debe utilizar el comando fg. A veces un proceso pasa a segundo plano sin su conocimiento. Si esto sucede, no podrá interactuar con él. Esto significa que usted necesita utilizar el comando fg para recuperarlo.

$jobs
[1]+ Runningxlogo &

$ fg %1
xlogo

Como puede ver, todo lo que necesita hacer es ejecutar el comando fg con el número de trabajo como argumento. Ahora debería poder controlar el proceso a medida que pasa al primer plano.

Proceso de pausa

También puede pausar el proceso sin necesidad de terminarlo. La pausa de un proceso a veces es necesaria cuando se desea llevar un proceso desde el primer plano al fondo. Sí, no todos los procesos se pueden mover al fondo en estado de ejecución. Es por eso que necesitan ser pausados o detenidos antes de ser movidos al fondo.

Para detener un programa, debe usar el acceso directo CTRL + z. Una vez hecho esto, se detendrá desde el primer plano. Para comprobar si el programa realmente se ha detenido, puede comprobar lo que intenta cambiar el tamaño de la ventana. Si no cambia el tamaño, significa que el proceso se ha detenido.

Para empezar, debe ejecutar el programa xlogo escribiendo el comando xlogo.

$ xlogo

Ahora presione CTRL + Z y detendrá el proceso sin terminarlo. Sí, deberías poder ver el programa xlogo en tu escritorio. Podría darte la ilusión de que está funcionando, pero en realidad no lo es. Para confirmar, intente cambiar el tamaño de la ventana.

Desde el estado detenido, puede mover el proceso a primer plano o en segundo plano.

Para moverlo al fondo, utilice el siguiente comando.

bg %1

donde 1 es el proceso PID.

Del mismo modo, puede utilizar el comando fg y, a continuación, puede hacer que pase al primer plano.

Además, si está ejecutando solo un programa; entonces en el comando fg, usted no tiene que poner el jobspec id.

Hay muchas instancias en las que es posible que desee ejecutar un programa desde la línea de comandos.

- En primer lugar, sólo está disponible desde la línea de comandos, ya que no está presente en los menús de la ventana.

- A veces, un programa puede no iniciarse desde la sección de menú. Puede intentarlo de nuevo inzándolo desde la línea de comandos.

Matar un proceso

Para finalizar un proceso, debe utilizar el comando kill. El comando kill puede sonar duro, pero funciona muy bien.

Por lo tanto, si estaba ejecutando el comando xlogo en el modo en segundo plano, puede terminarlo utilizando el PID.

La sintaxis del comando kill es la siguiente:

matar [processid]

```
$ xlogo &
[1] 5277
```

matar 5277[1]

Xlogo terminado

Una vez que ejecute el proceso xlogo en segundo plano,el shell devuelve jobspec y el PID asociados con dicho proceso. Ahora, usted necesita utilizar el comando kill junto con el PID. También puede especificar jobspec si desea terminarlo.

Cuando se ejecuta un comando kill, envía señales al proceso para matarlo. Esto significa que puede enviar diferentes tipos de señales para obtener un comportamiento diferente. A continuación se muestran las señales comunes que usted debe saber acerca de.

- HUP - Se utiliza para colgar terminales. Se utiliza principalmente en la última era donde los terminales estaban conectados a través de líneas telefónicas o módems.

- INT - Significa interrupción. Es similar al acceso directo CTRL + C que se utiliza en el terminal.

- KILL - Ya discutimos el comando kill. Detiene el proceso por completo sin preocuparse por lo que el proceso está haciendo.

- TERM: finaliza el proceso. Es la señal predeterminada enviada por el comando kill.

- CONT: permite que un proceso continúe después de que se detenga

- STOP - Se utiliza para pausar el proceso sin terminarlos.

killall comando

El comando killall es útil si desea enviar señales a dos o más procesos. Por ejemplo, si ejecuta dos instancias del proceso xlogo, puede matar las dos simplemente ejecutando el comando killall.

> $ xlogo
> [1] 2537
>
> $ xlogo
> [2] 3546
>
> $ killall xlogo
> [1]- Xlogo terminado
> [2] -Xlogo terminado

Para ejecutar el comando kill o killall, necesita privilegios de superusuario, ya que altera el estado del sistema operativo.

comando pstree

El comando pstree es útil para obtener información sobre la relación padre/hijo entre los procesos.

La sintaxis es la siguiente:

> **pstree**
>
> **comando vmstat**

El comando vmstat es otro comando relacionado con el proceso. Con él puede mostrar la instantánea de recursos del sistema, incluida la memoria, el intercambio, la E/S de disco.

La sintaxis es la siguiente.

vmstat [time]

En la opción de tiempo, puede establecer el retardo de tiempo en segundos. Simplemente actualizará la instantánea cada 5 segundos. Si desea terminar el comando, debe usar CTRL+C.

Cosas que aprendimos en este capítulo

- El proceso lo inicia el kernel.

- proceso de inicio una vez iniciado por el kernel, a cambio, inicia otros procesos.

- El proceso init se puede decir como un proceso padre y los procesos iniciados por él caen bajo los procesos secundarios.

- Para ver el proceso, debe utilizar el comando ps

- ps x y ps aux le permite ver más información sobre el proceso

- El comando superior muestra el proceso superior basado en el uso de la CPU

- Puede gestionar y controlar el proceso

- Para que un proceso se ejecute en segundo plano, debe utilizar el comando bg. Del mismo modo, puede hacer un proceso en segundo plano para pasar al primer plano mediante el comando fg

- El proceso puesto en segundo plano dejará de reaccionar a las interacciones del usuario. Necesitan activarse o pasar al primer plano antes de que se pueda realizar cualquier interacción.

- Puede terminar un proceso o programa utilizando el comando kill

- Múltiples procesos pueden ser terminados con la ayuda de killall comando

- comando kill es un tipo de señal.

- Puede enviar diferentes tipos de señales, incluyendo HUP para colgar, INT para interrupción, TERM para terminar, CONT para continuar y STOP para pausa.

- el comando pstree se utiliza para mostrar la relación padre/hijo entre los procesos

- El comando vmstat se utiliza para mostrar la instantánea de recursos del sistema, incluida la E/S, el intercambio y la memoria. También puede establecer la hora para que se actualice con regularidad.

Capítulo 14

Personalización del Mensaje

C omo usuario de Linux, desea personalizar el mensaje. Personalizar la solicitud o la solicitud de shell es necesaria no solo para sus preferencias, sino que también le ayudará a comprender cómo funciona el shell. Al final del capítulo, usted será capaz de entender shell prompt mejor y también aprender cómo funciona el emulador de terminal.

El símbolo del sistema shell, al igual que los otros aspectos del sistema operativo Linux son completamente personalizables. Antes de empezar, vamos a entender las diferentes partes del mensaje en sí.

La primera vez que haya iniciado sesión en Linux, encontrará que el mensaje es el siguiente.

nombre de user@host: $

Como usted puede ver, el prompt contiene el nombre de usuario, el nombre de host y el directorio de trabajo actual. La estructura rápida se define de acuerdo con cómo se define la variable de medio ambiente PS1. Si intentamos imprimir la variable de entorno PS1, encontrará lo siguiente.

```
echo $PS1
\[\e]0;\u@\h:
\w\a\]${debian_chroot:+($debian_chroot)}\[\033[01;32m\]\
u@\h\[\033[00m\]:\[\033[01;34m\]\w\[\033[00m\]\$
```

Como puedes ver, hay un montón de personajes allí. Como principiante, usted no tiene que preocuparse por estos. Pero, usted descubre que hay símbolos similares al $.

Hay toneladas de otros códigos de escape que se utilizan en las indicaciones de shell. Vamos a enumerarlos a continuación.

- La campana de ASCII es "a" y se utiliza para hacer que el ordenador suep cada vez que se encuentre.

- Fecha: d , muestra la fecha actual en el formato de día, mes y fecha.

- Nombre de   host: el nombre de host local

- Nombre de host completo: el   nombre de host completo

- línea nueva - n

- Dispositivo de terminal de corriente : l

- la hora actual en formato   de 12 horas

- la hora actual en 24 horas

- Programa de vaciados

- hora en formato AM/PM ?

- nombre de usuario actual ?

- Número de liberación y versión del shell ?

- Número de versión del vaciado .

- Nombre del directorio de trabajo ?

- Directorio de trabajo actual - w

- usuario normal: $

- historial de comandos!

Cambio de diseños rápidos

Hay muchos otros diseños rápidos que puede usar. Además, no hay necesidad de preocuparse por cambiarlos, ya que siempre puede volver al diseño de solicitud predeterminado más adelante.

Antes de empezar, almacenemos el valor $PS1 antiguo en una nueva variable.

old_ps1 "$PS1"

Para comprobar si la copia ha funcionado, debe imprimirla en el terminal mediante el comando echo.

echo $old_ps1

Si lo encuentras similar al de $PS1, entonces podemos seguir adelante y cambiarlo a otra cosa. Además, puede cambiar a la solicitud predeterminada mediante el siguiente comando.

$ PS1 - "old_ps1"

Diferentes cadenas de aviso

Entonces, ¿qué pasa si pones una cadena vacía? Si lo hace, el mensaje estará vacío. Sí, no habrá nada en absoluto. No habrá ninguna cadena de solicitud cuando escriba en el terminal. También podemos cambiar la solicitud a minimal cambiándola a la siguiente.

PS1 á "$"

Esto será lo mejor que podamos configurar. Por lo tanto, si desea agregar una campana al símbolo del sistema, debe cambiar el valor de la PS1 a lo siguiente:

PS1 á "[a]$"

Este cambio traerá una nueva visión interesante en el mensaje. Se mostrará un pitido cuando se muestre la solicitud. Puede llegar a ser molesto muy rápido, pero lo hicimos para experimentar y demostrar que podemos lograr cualquier cosa. Del mismo modo, puede agregar fecha, hora y cualquier otra información que desee en su solicitud. A muchos usuarios les gusta agregar tiempo a su mensaje para que sepan cuánto tiempo están gastando trabajando en un problema.

Adición de color a la solicitud

Los colores se pueden agregar a la solicitud. Esto es posible debido a cómo funcionan algunos de los emuladores de terminal. Permiten agregar secuencias de caracteres no imprimibles que luego se pueden utilizar para agregar color, efectos, posición y texto en negrita.

Por ejemplo,

- Color negro s033[0;30m

- Rojo n.o 033[0;31

y así sucesivamente.

Cosas que aprendimos en este capítulo

- Puede personalizar el mensaje

- La solicitud se puede personalizar con varios aspectos, incluidos el color, el texto, las acciones, etc.

Capítulo 15

Aprender más sobre la cáscara

S hell te ofrece hacer mucho trabajo. Cubrimos el caparazón bastante en detalle. En el último capítulo, también analizamos cómo personalizar el shell. Pero hay más para bombardear y es por eso que vamos a cubrir más cosas sobre el shell.

Shell de Linux es una parte importante del sistema operativo. Es por eso que, como principiante, necesitas aprender sobre ello extensamente.

Creación de alias: comando alias

Es común que un usuario escriba los mismos comandos de vez en cuando. Escribir el mismo comando no es productivo y ahí es donde podemos crear un alias. Los alias son como un acceso directo que le permite ahorrar tiempo y esfuerzo. Es como un expansor de texto donde puede guardar textos complejos o comandos para ahorrar tiempo.

Vamos a tomar un ejemplo donde escribe regularmente ls -l para ver el contenido del directorio. Escribir el comando puede tomar un poco de tiempo, teniendo en cuenta que está utilizando una opción con él. Para resumirlo, necesitamos crear un alias y almacenarlo allí. Llamemos al alias ll , un combo de dos letras que es más eficiente de escribir y usar.

$ ls -l>

devuelve todos los archivos con información

alias ll á 'ls -l'

$ ll>

devuelve toda la información de los archivos

También puede crear otro alias y su color. Además, alias también puede ayudar a corregir errores de escritura comunes. Esto significa que puede guardar un alias para el error de escritura más común que realice y dejar que el alias lo corrija por usted. Puede crear un alias para el comando passwd. Es común para mí, al menos, escribirlo "paswwd." Ejecutando el siguiente comando para crear un alias para el error.

$ alias paswwd á "passwd"

Todos estos son realmente útiles, pero todos estos alias no existen una vez que cierra la sesión. Es por eso que el uso de alias debe ser mínimo. Si desea volver a trabajar con alias, debe crearlos una vez que vuelva a iniciar sesión en el terminal. Sin embargo, también puede copiar archivos de configuración para cada sistema.

Trabajar con Interactive y Non-Interactive Sessions

Shell funciona de maneras interesantes. Puede funcionar de manera diferente dependiendo del propósito de la conexión. Los alias que

189

definimos anteriormente solo funcionarán en una sesión interactiva y no de forma no interactiva.

Entonces, ¿cómo son diferentes estas sesiones? La sesión interactiva puede ejecutar y ejecutar el contenido .bash_profile o .profile. La sesión no interactiva, por otro lado, no te permite hacerlo. Por lo tanto, si decide crear un alias en el bash_profile, se ejecutará solo en la sesión interactiva.

Como usuario, puede hacer que la sesión no interactiva funcione como una sesión interactiva. Para ello, debe realizar cambios en el archivo .bash_profile.

Comentarios

También puede agregar comentarios al shell o al archivo .bash_profile o .bashrc. Los comentarios son útiles cuando se trata de comprender la ejecución del comando. Puede agregar comentarios para ayudar a otros a entender lo que está haciendo.

Para agregar el comando, es necesario utilizar el octothorpe(o). Escriba primero y, a continuación, seguido de comentario en sí.

$ - Este es un comentario

Los comentarios son muy útiles si usted está enseñando a otros o alguien está viendo que utiliza Linux. Esto les da retroalimentación visual sin que necesite explicarles todo.

Historia de la concha

El comando y los comentarios que escribió se almacenan en realidad en un lugar seguro. Todas las entradas se almacenan en el archivo .bash_history. Solo almacena la información de la sesión actual. No todos los 191hell almacenan la información en el archivo anterior, ya que también pueden almacenarla en los archivos .zsh_history, .history u otros.

Se puede acceder a los comandos anteriores pulsando la tecla de flecha hacia arriba. Esto le ahorra un tiempo precioso, ya que no tiene que escribir comandos similares de nuevo, y también le permite rectificar cualquier error. Por ejemplo, si ha escrito un comando incorrecto, puede acceder de nuevo al comando incorrecto y editarlo. Todo lo que necesita hacer es presionar la tecla de flecha hacia arriba y luego fijarlo, antes de presionar enter.

Comando de la historia

comando history se utiliza para mostrar el historial de 191hell. La sintaxis es la siguiente.

> $ history>
> devuelve una lista del comando utilizado.

Otros comandos útiles que puede utilizar incluyen los siguientes

> ! N - comando de repetición N número de veces

> !! • Repita el comando anterior

!string: repita el último comando que comenzó con string.

Para obtener una mejor comprensión, vamos a ver el ejemplo siguiente.

```
$ history
1 ls –l
2 wc  file1.txt
3 echo $SHELL
4 clear

$ !1
> devuelve la lista de archivos

$ !!
eco $SHELL
/bin/bash
```

De forma predeterminada, bash captura los últimos 500 comandos que se ejecutan en el shell. Si desea cambiar, debe actualizar la variable de entorno HISTSIZE. Simplemente cambie el valor a la cantidad deseada y se actualizará.

```
$ HISTSIZE á 1200
```

El valor HISTSIZE ahora se establece en 1200, lo que significa que 1200 comandos se almacenarán en el mandato HISTSIZE.

Buscar en el historial del comando también es fácil, ya que le permite buscar a través de él mediante el uso de CTRL + R acceso directo. Hace una búsqueda inversa para obtener resultados más rápido.

Finalización de pestañas

La finalización de tabulación es otra característica que le permite rellenar los comandos en lugar de escribirlos. Usamos el símbolo del sistema de peces para obtener una experiencia más intuitiva cuando se trata de tratar con la cáscara. Incluso cuando no se utiliza la línea de comandos de peces, en realidad se puede utilizar la finalización de pestañas para mejorar la eficiencia de su trabajo. La función de finalización de pestañas rellena los comandos de medio tipo adivinando. Mientras escribe, el comando se mostrará para que pueda usarlo en su trabajo. Si no coincide con lo que está buscando, simplemente puede ignorarlo y escribir el comando. Una vez que haya utilizado el comando, la característica de finalización de tabulación intentará hacer la coincidencia mejor cuando escriba el comando. Esto es muy útil y realmente ayuda a los administradores de red, programadores o incluso usuarios simples a sacar el máximo provecho de la cáscara.

Shell Command Line Editing

Los sistemas operativos modernos como Linux ofrecen edición de línea de comandos de shell. Es importante comprender que hay instancias en las que necesita cambiar el funcionamiento de la línea de comandos.

Hay dos modos asociados con los tipos de vaciado, incluidos tchs, ksh,bashy zsh. El modo predeterminado es el modo emacs. El otro modo es el modo vi. En el caso del shell bash, el modo predeterminado es el modo emacs. También puede establecer el modo editando mediante la tecla enlazada o el comando set.

Modo Emacs

El modo Emacs funciona de forma similar a la del editor emacs. Algunos de los comandos populares dentro del modo emacs son los siguientes:

- ESC - Finalización de escape similar a la finalización de pestañas

- CTRL + b - mover el cursor a la izquierda

- CTRL + f - Mover el cursor hacia la derecha

- CTRL + p - línea de comandos anterior

- CTRL + n - siguiente línea de comandos

- CTRL + a - Mover al principio de la línea

- CTRL + e - Mover al final de la línea

- CTRL + x - Se utiliza para editar la línea de comandos en el editor

El editor, en este caso, se utiliza de acuerdo con lo que se define dentro de la variable de entorno $EDITOR.

Modo Vi

En el modo vi, los accesos directos y los comandos funcionan de forma similar a la del editor vi. Ya hemos cubierto el editor vi en detalle. Sin embargo, en aras de la finalización, vamos a enumerar algunos de los accesos directos a continuación.

- Escape: se utiliza para finalizar el modo de comando

- • Finalización de pestañas con finalización de archivos vi-style

- k - línea de comandos anterior

- j - siguiente línea de comandos

- h • mover el cursor a la izquierda

- l • Mueva el cursor a la derecha

- • Moverse al comienzo de la línea

- i • Cambiar al modo de inserción

- I - cambiar al modo de inserción y anteponer el inicio del texto de línea

Cosas que aprendimos en este capítulo

- Puede crear alias para optimizar el proceso de trabajo

- Hay opciones para trabajar con shells interactivos y no interactivos

- Puede agregar comentarios utilizando octothorpe(o)

- Puede utilizar el comando history para ver el historial del shell, es decir, el último comando utilizado

- La finalización de pestañas es una parte integral del shell

- También puede editar la línea de comandos de shell

- Hay dos tipos de modos en cada shell, incluyendo emacs y modo vi.

Capítulo 16

Administración Básica

C omo usuario, usted debe saber cómo tratar con su sistema operativo Linux, lo que significa conocer la administración básica. La buena noticia es que si usted está utilizando la distribución de Ubuntu, entonces usted puede hacer uso de las herramientas GUI que se proporcionan con la distribución. La administración básica se realiza mejor a través de la interfaz gráfica de usuario, ya que le permite hacer las cosas rápidamente. Puede ir a la configuración del sistema para obtener más información al respecto. Allí puede cambiar la apariencia, brillo, soporte de idioma, Bluetooth y así sucesivamente. Sin embargo, algunas cosas deben hacerse manualmente. Vamos a ir a través de los comandos básicos de administración a continuación.

Uso de memoria y CPU

Es una buena idea mantener un ojo en los recursos del sistema. Para comprobar los recursos, debe utilizar el comando top. El comando superior ya está ampliamente cubierto temprano.

$ superior
> devuelve el proceso superior con su memoria y uso de CPU

En la parte superior, también muestra más información sobre el sistema seguido por la lista de procesos.

Espacio en el disco duro

La supervisión del espacio en el disco duro también es crucial para administrar el espacio correctamente. El espacio en disco se puede validar mediante el comando df -h. Esto garantizará que sepa que hay suficiente espacio en disco para los procesos críticos del sistema operativo Linux, incluidas las copias de seguridad y el registro.

$ df- h

Tamaño del sistema de archivos Utilizado Avail Uso% Montado on

udev	903M	0	903M	0%	/dev
tmpfs	188M	1.4M	187M	1%	/run
/dev/sda1	11G	7.6G	2.9G	73%	/
tmpfs	939M	0	939M	0%	/dev/shm
tmpfs	5.0M	0	5.0M	0%	/run/lock
tmpfs	939M	0	939M	0%	/sys/fs/cgroup
/dev/loop0	90M		0	100%	/snap/core/6673
/dev/sda15	105M	3.6M	101M	4%	/boot/efi
tmpfs	188M	20K	188M	1%	/run/user/1000
tmpfs	188M	12K	188M	1%	/run/user/123

Como puede ver en la devolución, se devuelven seis columnas de información. Son sistema de archivos, tamaño, utilizados, disponibles, use% y montados en. Mediante el uso de la opción -h, se obtiene el tamaño en un formato mucho más legible MB.

Gestión de usuarios

Hay una solución de administración de usuario adecuada que se encuentra dentro del sistema operativo Linux. Al administrar usuarios, puede cambiar la contraseña, agregar nuevos usuarios al grupo y mucho más.

Para cambiar la contraseña, debe utilizar el comando passwd. Ya lo hemos cubierto en detalle.

Adición del grupo de usuarios -- groupadd y usermod comando

Agregar un grupo de usuarios puede ayudarle a administrar mejor sus archivos. De esta manera puede compartir los archivos en el grupo. Llamemos al grupo que vamos a crear como 'oficina'.

Para crear dicho grupo, debe utilizar el siguiente comando.

groupadd oficina

Una vez creado el grupo, ahora necesitamos agregar usuarios al grupo para que sea eficaz.

Para agregar un usuario, debe utilizar el comando usermod.

usermod - G office galax

Aquí el usuario, "galax" se añade a la oficina del grupo.

Eliminación de un comando group - **groupdel**

Para eliminar un grupo, debe utilizar el comando groupdel. La sintaxis del comando groupdel es la siguiente:

groupdel [nombredegrupo]

Para eliminar la oficina de grupo, debe utilizar el siguiente comando.

oficina groupdel

Cambio de la propiedad del archivo - chown command

Cambiar la propiedad del archivo también es un comando importante que debe aprender. Para conocer los detalles sobre un archivo, debe utilizar el comando ls -l.

ls - l <nombre de archivo>

Mostrará los permisos de acceso relacionados con un nombre de archivo. También puede ver el nombre de usuario y el grupo al que está asociado el archivo.

rw-r--r-- 1 nitt nitt 10240 Oct 10 19:47 example1.txt

Ahora, si desea cambiar el propietario del archivo, entonces debe utilizar el comando chown. La sintaxis del comando es:

chown <user> <nombre de archivo>

Por lo tanto, vamos a cambiar el propietario del archivo example1.txt a John a continuación, teniendo en cuenta que ya hay un nombre de usuario john.

chown john exmaple1.txt

Cosas que aprendimos en este capítulo

- Aprendimos sobre las tareas de administración simples.

- Puede crear nuevos grupos mediante el comando groudadd

- usermod comando se utiliza para agregar un usuario a un grupo

- Puede eliminar un grupo mediante el comando groupdel

- Por último, puede cambiar el propietario del archivo mediante el comando chown.

Capítulo Seventeen

Gestión y almacenamiento de paquetes

Los paquetes son una parte crítica del sistema operativo Linux. El sistema de embalaje, junto con la comunidad, es lo que hace de Linux un gran sistema operativo. Entonces, ¿qué es un sistema de embalaje? Un sistema de embalaje es un proceso a través del cual se realiza la instalación y el mantenimiento del software.

Existen diferentes sistemas de envasado utilizados por diferentes sistemas. Los sistemas de embalaje no son compatibles entre sí. Los dos principales sistemas de empaquetado incluyen el estilo Debian (.deb) y el estilo Red Hat(.rpm).

Ubuntu utiliza el empaquetado de estilo Debian. Esto significa que si descarga un software, estará en la extensión .deb.

El sistema de empaquetado no funciona de forma similar a un asistente de instalación. Hay paquetes en los que puede encontrar los archivos de origen. El archivo de origen debe compilarse manualmente antes de que se puedan instalar. El paquete también debe ser compatible con los programas ya instalados en su sistema. Los paquetes también contienen scripts previos y posteriores a la configuración que pueden ayudarle a configurar las tareas en consecuencia.

Repositorios yepenencias D

Los paquetes se pueden descargar desde repositorios. Estos repositorios contienen un gran número de paquetes. Son administrados y creados por proveedores de distribución y cualquier otra persona que esté interesada en ello.

Muchos paquetes requieren dependencias para funcionar. Rara vez hay un programa que es independiente. Por lo tanto, puede encontrar repositorios para solicitar una instalación adicional si no se cumple su dependencia. Tampoco se instalarán hasta que se mantenga la dependencia.

Common Package Management Tpregunta

Con una clara comprensión de cómo funcionan los paquetes, repositorios y dependencias, ahora es el momento de compartir los comandos comunes para los paquetes.

Búsqueda del paquete en el repositorio

Para buscar un paquete en un repositorio, puede utilizar comandos de búsqueda de paquetes. El comando varía en función del estilo de distribución. Para las distribuciones de Debian, debe utilizar el siguiente comando.

apt-get update <search_string>

En la cadena de búsqueda, puede escribir el nombre del paquete que desea buscar.

Cuando se trata de Red Hat, debe usar el comando yum.

Búsqueda de yum <search_string>

También puede actualizar la lista de repositorios utilizando solo la actualización apt-get.

apt-get actualización

Instalación deAckages P

Instalar paquetes es muy fácil. Todo lo que necesita para utilizar el comando dpkg en el caso de Debian o rpm comando en el caso de Red Hat.

La sintaxis del instalador del paquete debian es la siguiente:

dpkg -- instalar <package_file>

En el caso de Red Hat, la sintaxis es la siguiente:

rpm - i <package_file>

Eliminación del paquete

Los paquetes se pueden quitar el comando apt-get remove. Su sintaxis es la siguiente.

apt-get remove <package_name>

Actualización de paquetes

Los paquetes una vez instalados también se pueden actualizar utilizando un comando simple como se muestra a continuación.

apt-get actualización

También puede utilizar la actualización apt-get para el mismo efecto.

Listado de paquetes instalados

Para enumerar los paquetes instalados, debe utilizar el comando dpkg con la opción --list en él.

dkpg -- lista

En el caso de Red Hat, debe utilizar el comando rpm -qa.

Encontrar la información del paquete instalado

También puede comprobar el archivo del paquete de instalación mediante el comando rpm. El comando para él es el siguiente.

rpm -qf <nombre de archivo>

Cosas que aprendimos en este capítulo

- Los paquetes son el núcleo del sistema operativo Linux cuando se trata de características y nuevas soluciones.

- Puede buscar un paquete mediante el comando apt-get update

- La instalación de paquetes se puede hacer usando dpkg para Debian y rpm para Red Hat

- Puede actualizar el paquete mediante apt-get update

- Puede enumerar el paquete instalado utilizando dkpg --list para Debian y rpm -qa para Red Hat.

Conclusión

Espero que te haya gustado leer este libro. Escribir un libro desde la perspectiva de un principiante es difícil, teniendo en cuenta que no todos tienen la misma aptitud y estilo de aprendizaje. Pero creo que logré mantener las cosas lo más simples posible.

Linux es uno de los mejores sistemas operativos por ahí con llegar a casi todas partes. Incluso Microsoft ha reconocido la importancia del sistema operativo Linux y cómo ayudan a compartir la industria y el futuro. También han integrado la línea de comandos de Linux en Windows 10 y también han incluido Hyper-V Manager a través del cual se puede virtualizar Linux fácilmente. Incluso utilicé Windows 10 y usé la virtualización para mi ventaja.

El punto que estoy tratando de hacer es que todo el ecosistema del sistema operativo es fuerte, y tanto Windows como Linux pueden prosperar fácilmente. No hay necesidad de que uno se extinga o domine. Se trata de hacer la vida más fácil para los usuarios y ayuda a los desarrolladores, administradores de sistemas y usuarios a utilizar la mejor solución posible por ahí.

El pedigrí de Linux está en su simplicidad y complejidad. Puede sonar complejo para los principiantes, pero una vez que se obtiene una comprensión de ella, usted está obligado a encontrar simple.

Los controles granulares que Linux le da hacen que sea más fácil de usar que cualquier otro sistema operativo posible por ahí.

Desde aquí, puede seguir aprendiendo Linux y profundizar en temas más complejos, como Scripting, Redes, Expresión regular, Procesamiento de texto y Programación.

La mejor de las suertes en su búsqueda continua de conocimiento.

www.ingramcontent.com/pod-product-compliance
Lightning Source LLC
La Vergne TN
LVHW022311060326
832902LV00020B/3394